严格依据国家教师资格考试大纲编写

国家教师资格考试 专用教材

保教知识与能力

BAOJIAO ZHISHI YU NENGLI

（幼儿园）

YOUERYUAN

全真模拟试卷

QUANZHEN MONI SHIJUAN

华职考试研究院 主编

东南大学出版社
·南京·

图书在版编目(CIP)数据

保教知识与能力(幼儿园)全真模拟试卷/华职考试研究院主编.—南京:东南大学出版社,2020.4
国家教师资格考试专用教材
ISBN 978-7-5641-8789-7

Ⅰ.①保… Ⅱ.①华… Ⅲ.①学前教育-幼教人员-资格考试-习题集 Ⅳ.①G615-44

中国版本图书馆 CIP 数据核字(2019)第 301238 号

保教知识与能力(幼儿园)全真模拟试卷

主　　编:华职考试研究院
出版发行:东南大学出版社
社　　址:南京市四牌楼 2 号,邮编 210096
出 版 人:江建中
印　　刷:定州市新华印刷有限公司
开　　本:787 mm×1092 mm　1/8
印　　张:6
字　　数:198 千
版　　次:2020 年 4 月第 1 版
印　　次:2020 年 4 月第 1 次印刷
书　　号:ISBN 978-7-5641-8789-7
定　　价:28.00 元

(凡因印装质量问题,请直接与营销中心调换,电话:025—83791830)

备考指南

教师资格制度是我国法定的教师职业许可制度。教师资格考试是贯彻落实《国家中长期教育改革和发展规划纲要(2010—2020年)》的重要举措,是依据《教育部关于开展中小学和幼儿教师资格考试改革试点的指导意见》和《教育部办公厅关于2012年扩大中小学教师资格考试改革和定期注册制度试点工作的通知》文件开展实施的考试项目。

为了帮助广大考生顺利通过考试,我们特组织相关专家,严格依照《中小学和幼儿教师资格考试大纲》要求,在认真总结近年来教师资格考试特点的基础上,参照教师资格考试教材和各科目的大纲,编写了本系列试卷。

一、对教材的学习

《保教知识与能力》(幼儿园)的内容多、覆盖面广,广大考生要在全面系统学习教材的基础上掌握基本理论、基本知识、基本方法。本课程内容涉及教学能力的各个方面,知识范围广泛,各章节之间既有联系,又有很大不同,有的还有相对独立性。应考者应首先全面系统地学习各章节内容,记忆应当识记的基本概念,深入理解基本理论,明白基本方法的内涵;其次,要认识各章节之间的联系,注意区分相近的概念和相似的问题,并掌握它们之间的联系;最后,在全面系统学习的基础上,有目的地深入学习重点章节,切忌在没有全面系统学习教材的情况下孤立地去抓重点。

坚持理论联系实际,认真做好练习作业,并争取独立分析解决一些实际问题。考生应该在全面理解基本概念和原理的基础上,通过练习和应用,强化知识记忆,形成基本的技能和方法。

二、本套试卷的应用基础

通过以上方法,对教材内容进行全面学习的基础上,要顺利通过考试,考生在学习的过程中,还要注意以下几点:

(1)考生应根据教材大纲规定的考试内容和考核目标,认真钻研教材,从课程的性质、特点、要求出发,结合自身的基础和特点,进行切实有效的学习,避免自学中的各种偏向。

(2)要努力将识记、领会与练习、应用结合起来,在掌握基本理论、基础知识以及形成必要技能、掌握分析方法的基础上,提高应用能力。要切实有效地把握课本的特点,着重突破难点,巩固基础知识。

(3)积极利用知识间的联系。考生应根据本科目知识的内在联系,联系性地进行学习。教师资格考试系列的各科目之间是相互贯通的,各科目之间的理论知识,无论在实践上还是在理论上都相互关联,考生应善于利用这一特点。

(4)要面向课程全部内容,处理好重点与一般的关系。考生应全面系统地学习教材,稳扎稳打,循序渐进,力争掌握全部考试内容和考核知识点,在此基础上再突出重点。

(5)本套试卷紧扣考试大纲,依照最新版本教材,针对考试特点,充分考虑广大考生的需求,灵活整合教材内容,突出重点,有的放矢。本系列试卷均配有权威的解析,力求为考生释疑解惑,帮助考生迅速找到正确的解题思路,掌握答题的方法技巧,最终帮助考生形成突破,取得成功。

考生们的需要,就是我们努力的方向。我们诚恳地希望本套试卷能给参加教师资格考试的各位考生带来学习上的帮助,并敬请专家、同仁不吝指正。

前言 PREFACE

本试卷是根据《保教知识与能力》(幼儿园)考试大纲,参照最新考试题型,特邀多年从事教师资格考试教学、命题研究的专家精心编写而成的,从内容上和形式上都保证了试卷的专业性、权威性和准确性。

每套试卷均附有详细的参考答案,并且注重实战,讲求技巧,通过深度的点评、详尽的解析、精准的预测,力求全真模拟实战演练,切实提升考生的综合应试能力,满足考生科学地进行自我考评的需求。

本试卷的特点表现在以下几个方面:

一、全面性

本试卷内容全面完整,基本覆盖考试大纲所要求掌握的知识点及能力要求,且重点突出。

二、新颖性

本试卷由命题专家根据历年考试的命题规律进行总结和预测后,依照最新考纲要求,精选而成,题型多样,避免了考点考题的重复和陈旧。

三、便捷性

本试卷答案权威详尽,每道题都有解析,有助于考生加强理解,牢固掌握知识点。

四、实用性

本试卷试题依据最新考卷和最新考纲要求,有利于考生模拟考试情境,培养临场实战经验。

五、真实性

精心设计的考试模拟试卷,题型、题序、题量与最新试题完全一致,是综合考试大纲要求和教材知识点精选出来的,一定程度上反映了考试趋势,同时也能全面检测出学生对课程的掌握程度。

六、前瞻性

整本试卷根据最新的考试大纲要求编写,知识点紧扣大纲,可以使考生科学地进行自我考核、自我评估及自我调整复习方向,及时攻克弱点及不足,查漏补缺,从而达到事半功倍的效果。

目录 CONTENTS

考场____号

准考证号

考试地点（考点学校名称）

密 封 线 内 不 要 答 题

诚信承诺：本人在考试中所提供的个人信息真实准确；
自愿遵守考试纪律；
如有违纪情况自愿接受相应处罚。

承诺人：

保教知识与能力（幼儿园）

全真模拟试卷（一）

（考试时间 120 分钟，满分为 150 分）

题 号	一	二	三	四	五	总 分	
题 分	30	30	20	40	30	核分人	
得 分						复查人	

第一部分　选择题（30 分）

得 分	评卷人

一、单项选择题（本大题共 10 小题，每小题 3 分，共 30 分。在每小题列出的四个备选项中，只有一个符合题目要求，将其代码填写在题后的括号内。错选、多选或未选均无分）

1. 儿童能够独立表现出来的心理发展水平和儿童在成人指导下所能够表现出来的心理发展水平之间的差距是　（　　）

A. 关键期　　B. 敏感期

C. 最近发展区　　D. 转折期

2. 一个小女孩看到“夏景”说：“小姐姐坐在河边，天热，她想洗澡，她还想洗脸。因为脸上淌汗。”这个小女孩的想象是　（　　）

A. 经验性想象　　B. 情境性想象

C. 愿望性想象　　D. 拟人化想象

3. 小班幼儿往往对某个故事百听不厌，其原因主要是　（　　）

A. 以想象过程为满足　　B. 想象的内容零散

C. 想象受情绪影响　　D. 想象具有夸张性

4. “因材施教”体现了人的身心发展的　（　　）

A. 个别差异性　　B. 不均衡性

C. 阶段性　　D. 顺序性

5. 在幼小衔接工作中，教师要培养幼儿主动与同伴、老师交往，友好相处，这属于________方面的适应能力。　（　　）

A. 主动性　　B. 独立性

C. 人际交往　　D. 规则意识

6. 创设幼儿园环境时应考虑不同地区、不同条件幼儿园的实际情况，因地制宜，因陋就简，这体现了________原则。　（　　）

A. 开放性　　B. 经济性

C. 发展适宜性　　D. 参与性

7. 布置活动区时要考虑各个区域的性质，以免相互干扰，这是考虑　（　　）

A. 各活动区之间的界限性

B. 各活动区之间的相容性

C. 各活动区之间的转换性

D. 各活动区之间的渗透性

8. 切实实现将游戏纳入有目的的教育过程的关键是　（　　）

A. 合理安排游戏场地　　B. 投放丰富的游戏材料

C. 制订游戏教育计划　　D. 保证充分的游戏时间

9. 乔姆斯基提出的学前儿童语言获得理论是　（　　）

A. 先天决定论　　B. 后天环境决定论

C. 先天与后天交互作用论　　D. 自然成熟说

10. 围绕着一个或几个问题进行回答，直到了解问题为止的谈话法是　（　　）

A. 选择答案的谈话　　B. 自由回答的谈话

C. 直接回答的谈话　　D. 自然谈话法

第二部分　非选择题(120 分)

得　分	评卷人

二、简答题(本大题共 2 小题,每小题 15 分,共 30 分)

11. 简述儿童心理发展的基本特点。

12. 幼儿常见的安全问题有哪些？

密　封　线　内　不　要　答　题

考场____号

准考证号

考试地点（考点学校名称）____

诚信承诺：本人在考试中所提供的个人信息真实准确；
自愿遵守考试纪律；
如有违纪情况自愿接受相应处罚。

承诺人：____

密 封 线 内 不 要 答 题

得 分	评卷人

三、论述题（本大题1小题，20分）

13. 教师在组织幼儿园活动时，如何发挥一日活动整体教育功能的要求？

得 分	评卷人

四、材料分析题（本大题共2小题，每小题20分，共40分）

14. 材料：

在幼儿园中，教师要学会与幼儿沟通。比如，要熟记每个幼儿的名字，这样幼儿会感到非常亲切，对教师的话做出积极反应；说话的语速和语调要恰当，最好能引发幼儿的好奇心；与幼儿交谈时，语言要简单明确，容易被幼儿接受；说话的态度要友善，比如："我很喜欢听到你的描述，相信每位小朋友都会喜欢。""你这一次比上一次说得更清楚了。"在交流的时候，教师还要注意与幼儿的目光接触，要耐心倾听幼儿的谈话，做出积极反馈。现实生活中，有的老师能灵活运用其交流技能，有的老师则因为与幼儿缺乏有效沟通而苦恼。

问题：请你从幼儿教师需要具备的能力出发，谈谈教师如何与幼儿实现有效的沟通。

15. 材料：

一个男孩在用积木搭“大高楼”，但他把小块积木放在下面，大块积木放在上面，因此“大高楼”总也搭不高、站不稳。教师发现这种情况后，便坐在他身旁，但没有直接指导他，而是也拿起一堆积木来搭“大高楼”，一边搭一边说：“我把大积木放在下面，小积木放在上面，这样我的‘大高楼’就搭得高了。”

问题：这是教师哪一种指导策略？请你解说这种指导策略的理论原理和优点。

得　分	评卷人

五、活动设计题（本大题1小题，30分）

16. 请为幼儿园大班设计一份以“夏天”为主题的教育活动教案。

密　封　线　内　不　要　答　题

保教知识与能力（幼儿园）

全真模拟试卷(二)

（考试时间 120 分钟，满分为 150 分）

题　号	一	二	三	四	五	总　分	
题　分	30	30	20	40	30	核分人	
得　分						复查人	

第一部分　选择题(30 分)

得　分	评卷人

一、单项选择题(本大题共 10 小题，每小题 3 分，共 30 分。在每小题列出的四个备选项中，只有一个符合题目要求，将其代码填写在题后的括号内。错选、多选或未选均无分)

1. 3 岁前儿童的思维主要是　（　　）

A. 具体形象思维　　B. 抽象逻辑思维

C. 直觉思维　　D. 直觉行动思维

2. 主张教育要与儿童天性的自然发展一致的教育家是　（　　）

A. 夸美纽斯　　B. 卢梭

C. 福禄贝尔　　D. 裴斯泰洛齐

3. 在幼儿园实践中，某些教师认为幼儿进餐、睡眠、茶点等是保育，只有上课才是传授知识、发展智力的唯一途径，不注意利用各环节的教育价值，这种做法违反了　（　　）

A. 发挥一日生活的整体功能原则

B. 重视年龄特点和个体差异原则

C. 尊重儿童原则

D. 实践性原则

4. 在儿童的热能消耗中，幼儿所特有的，且与生长的快慢成正比的热量需要是　（　　）

A. 基础代谢　　B. 生长发育

C. 活动　　D. 食物特殊动力

5. 目前我国幼儿园与家庭相互配合的形式中最常用的一种形式是　（　　）

A. 家园联系手册　　B. 家长会

C. 开放日　　D. 家长委员会

6. 幼儿真正的自主至少具备两个条件，一个是自主权，另一个是　（　　）

A. 言语自主　　B. 自主的态度

C. 心理自主　　D. 人格自主

7. 教师根据教育教学目的，按照一定的目标设计的游戏被称为　（　　）

A. 规则游戏　　B. 结构游戏

C. 角色游戏　　D. 表演游戏

8. 教师在游戏中与幼儿用相同的游戏材料或扮演同一个角色，但不与儿童交往，这是采取　（　　）

A. 平行游戏策略　　B. 合作游戏策略

C. 领导游戏策略　　D. 指导游戏策略

9. ________是幼儿教师最常用的和最普遍使用的教育教学方法。　（　　）

A. 直观形象法　　B. 语言法

C. 角色扮演法　　D. 表扬鼓励法

10. “寓教于乐”实际上就是幼儿教育________的体现。　（　　）

A. 游戏化方法　　B. 生活化方法

C. 移情法　　D. 直接法

第二部分　非选择题(120分)

得　分	评卷人

二、简答题(本大题共2小题,每小题15分,共30分)

11. 幼儿园的教学方法有哪些?

12. 简述家园合作对幼儿园教育的重要性。

密　封　线　内　不　要　答　题

得 分	评卷人

三、论述题（本大题 1 小题，20 分）

13. 试述教师在幼儿园环境创设中的作用。

得 分	评卷人

四、材料分析题（本大题共 2 小题，每小题 20 分，共 40 分）

14. 材料：

离园时，李老师发觉奇奇的衣服挺别扭，仔细一瞧，原来是纽扣错位了。在李老师的指导下，奇奇笨拙地解开了一个又一个纽扣，准备重扣。正在这时，奇奇妈妈出现在门口。显然，她已看到了一切，脸上写满了不高兴。只见她快步上前，动手要帮奇奇扣纽扣。李老师忙拉住她说："瞧这衣服模样，就知道肯定是奇奇自己穿的。奇奇能够独立穿衣，这是一件值得高兴的事啊！让他再练习一下，相信他会有进步的，您说对吗？"奇奇妈妈听了李老师的话，似乎悟到了什么，脸色慢慢地由阴转晴，高兴地对奇奇说："乖孩子，慢慢扣，妈妈等着你！"

问题：请结合幼儿园一日活动教育原理，分析李老师的行为。

15. 材料：

在伦敦举行的父母与子女会议上，英国“0~3 岁”公司总裁马修·梅尔梅德说，很多父母热衷于让幼儿玩大量的益智玩具，安排幼儿进行各种“开发智力”的活动，希望借此提高孩子的语言、认知等能力。如果学习压力过重，幼儿的大脑会不堪重负。这样，孩子长大后容易对事物缺乏兴趣和好奇心，竞争力弱，不善于为人处世。

问题：我国在儿童教育过程中，总有重智育轻体育、重知识轻道德的表现，请谈谈其原因是什么？

得 分	评卷人

五、活动设计题（本大题 1 小题，30 分）

16. 根据“春天”设计一节幼儿园活动。

密 封 线 内 不 要 答 题

准考证号 □□□□□□□□□□
考试地点（考点学校名称）________
考场____号
诚信承诺：本人在考试中所提供的个人信息真实准确；
自愿遵守考试纪律；
如有违纪情况自愿接受相应处罚。
承诺人：________
密 封 线 内 不 要 答 题

保教知识与能力（幼儿园）

全真模拟试卷（三）

（考试时间120分钟，满分为150分）

题　号	一	二	三	四	五	总　分	
题　分	30	30	20	40	30	核分人	
得　分						复查人	

第一部分　选择题（30分）

得　分	评卷人

一、单项选择题（本大题共10小题，每小题3分，共30分。在每小题列出的四个备选项中，只有一个符合题目要求，将其代码填写在题后的括号内。错选、多选或未选均无分）

1. 促进幼儿心理发展的最好活动形式是（　　）

A. 学习　　B. 游戏

C. 劳动　　D. 手工

2. 与幼儿园相比，家庭教育的特点是（　　）

A. 目的性　　B. 组织性

C. 随意性　　D. 计划性

3. 从对幼儿活动干预的角度，下列不属于幼儿园教育活动的类型的是（　　）

A. 游戏活动　　B. 自由活动

C. 活动区活动　　D. 集体活动

4. 现行幼儿园体制大多数是按照幼儿的________分班。（　　）

A. 心理年龄　　B. 实际年龄

C. 智力年龄　　D. 知识经验

5. 特别适合用于与不易见面的家长联系的书面联系形式是（　　）

A. 宣传板　　B. 联系手册

C. 家长园地　　D. 问卷调查表

6. ________是儿童的第一任教师，也是终身教师。（　　）

A. 爷爷奶奶　　B. 幼儿园教师

C. 家长　　D. 小学教师

7. 儿童按照故事和童话的内容去分配角色、安排情节，通过动作、表情、语言、姿势等来进行的游戏被称为（　　）

A. 规则游戏　　B. 结构游戏

C. 角色游戏　　D. 表演游戏

8. 将儿童的游戏分为感觉运动游戏、象征性游戏、结构游戏和规则游戏，这是按照（　　）

A. 儿童游戏的动机分类

B. 儿童游戏的教育作用分类

C. 儿童游戏的社会性分类

D. 儿童游戏的认知分类

9. 幼儿园"五大领域"的教育活动内容依次是（　　）

A. 健康、语言、常识、社会、音乐

B. 体育、语言、科学、社会、艺术

C. 健康、语言、科学、社会、艺术

D. 健康、语言、数学、社会、艺术

10. 对幼儿发展状况评估的目的是（　　）

A. 筛选、排队

B. 教师反思性成长

C. 提高保教质量

D. 了解幼儿的发展需要

第二部分　非选择题(120 分)

得　分	评卷人

二、简答题(本大题共 2 小题,每小题 15 分,共 30 分)

11. 简述幼儿德育的目标及其内容。

12. 简述幼儿角色游戏的特点及功能。

密　封　线　内　不　要　答　题

得　分	评卷人

三、论述题(本大题1小题,20分)

13. 试述如何达成良好的师生关系。

得　分	评卷人

四、材料分析题(本大题共2小题,每小题20分,共40分)

14. 材料:

星期一,A老师埋怨说:“萱萱在家过了一个双休日,再回到幼儿园后,许多良好的行为习惯就退步了,不认真吃饭,乱扔东西,活动时喜欢说话,真不知孩子在家时,家长是怎么教育的?”站在一旁的B老师颇有同感地说:“是啊! 如果家长都能按我们的要求去教育幼儿,我们的工作就好做多了!”A老师接着说:“可这些家长不按我们的要求去做倒也罢了,还经常给我们提这样那样的意见。好像我们当老师的还不如他们懂得多,真拿这些家长没办法……”

问题:请你运用幼儿园与家庭相互配合的有关理论,分析和评论A、B两位老师的教育观点,并具体谈谈幼儿园与家庭相互配合时,应遵循哪些原则?

15. 材料：

某老师在语言活动“小乌龟开店”的基础上，组织一次表演游戏。老师一一出示早已准备好的道具。介绍完道具后，配班老师带领全班幼儿“开火车”离开活动室去“剧场”看表演，主班老师忙着在活动室里布置场景：一家花店、一家书店、一家气球店。场地布置好了，幼儿由配班老师带领进“剧场”。主班老师提问：“谁愿意上来表演？”“哗！”几十只小手举了起来。老师挑了五个没有举手而上次语言活动表现又不好的幼儿上来表演。表演时，老师不停地提示孩子们对话，做动作。第二轮，老师请了五个“做得好的孩子”上来表演，五个孩子表演同一个角色。老师还是不时地按照故事情节规范语言，纠正孩子们的动作。好多孩子忙着摆弄有趣的道具，忘了表演，老师又不停地提醒……

问题：结合我国对学前儿童游戏基本特征的认识，试分析该活动是不是真正意义上的游戏活动。

得　分	评卷人

五、活动设计题（本大题1小题，30分）

16. 请设计一节中班语言教学活动。

密　封　线　内　不　要　答　题

考场____号

准考证号

考试地点（考点学校名称）____

诚信承诺：本人在考试中所提供的个人信息真实准确；自愿遵守考试纪律；如有违纪情况自愿接受相应处罚。

承诺人：____

密 封 线 内 不 要 答 题

保教知识与能力（幼儿园）

全真模拟试卷（四）

（考试时间120分钟，满分为150分）

题　号	一	二	三	四	五	总　分	
题　分	30	30	20	40	30	核分人	
得　分						复查人	

第一部分　选择题（30分）

得　分	评卷人

一、单项选择题（本大题共10小题，每小题3分，共30分。在每小题列出的四个备选项中，只有一个符合题目要求，将其代码填写在题后的括号内。错选、多选或未选均无分）

1. 幼儿智力发展的核心部分是（　　）

A. 观察力　　B. 注意力

C. 思维力　　D. 想象力

2. 幼儿园两大方面的工作是（　　）

A. 保育　　B. 保育和教育

C. 保护儿童　　D. 照看孩子

3. 为了预防传染病，在幼儿中建造计划免疫的目的是（　　）

A. 控制传染源　　B. 切断传播途径

C. 保护易感人群　　D. 提高人的智力

4. 学前儿童社会化的主要场所为（　　）

A. 托幼机构　　B. 家庭

C. 社区　　D. 社会

5. 从幼儿的生活、安全、活动和交往的需求来分，幼儿园环境应当包括________、安全环境、活动环境和交往环境。（　　）

A. 物质环境　　B. 生存环境

C. 精神环境　　D. 游戏环境

6. 教师在创设幼儿园环境中的重要作用是（　　）

A. 指导者、引导者

B. 控制者

C. 组织幼儿参与环境创设

D. 准备环境、控制环境、调整环境

7. 贯彻幼儿参与性原则的根本保证是（　　）

A. 教师的引导

B. 教师要控制学生

C. 教师要树立正确的观念

D. 创设优美的环境

8. 角色游戏过程中，教师介入时机不当的是（　　）

A. 当幼儿在游戏中出现问题或困难时

B. 当幼儿全身心投入游戏、兴趣正浓时

C. 当游戏需要给予提升时

D. 当教育目标需要在游戏中完成时

9. 最有利于培养幼儿良好行为习惯的方法是（　　）

A. 角色扮演法　　B. 行动操作法

C. 发泄法　　D. 表扬鼓励法

10. 教师指导幼儿游戏首选的策略是（　　）

A. 平行游戏策略　　B. 合作游戏策略

C. 领导游戏策略　　D. 指导游戏策略

第二部分　非选择题(120 分)

得　分	评卷人

二、简答题(本大题共 2 小题,每小题 15 分,共 30 分)

11. 简述教师在游戏过程中的作用。

12. 简述幼儿智育的内容。

密　封　线　内　不　要　答　题

准考证号 ____ 考场 ____号

考试地点（考点学校名称）____

密　封　线　内　不　要　答　题

诚信承诺：本人在考试中所提供的个人信息真实准确；自愿遵守考试纪律；如有违纪情况自愿接受相应处罚。

承诺人：____

得　分	评卷人

三、论述题(本大题1小题,20分)

13. 试论述幼儿语言教育的途径。

得　分	评卷人

四、材料分析题(本大题共2小题,每小题20分,共40分)

14. 材料:

一次数学活动,要学习的内容是10以内倒数的规律。教师在讲解完后给每位小朋友发了不同的纸质材料,请幼儿按照材料中的提示,书写出其相邻的数字。例如,纸质材料开头数字是8,幼儿需要在后面的空格中写出7、6。幼儿在思考和书写的过程中,教师不断地到每个小组检查,并提醒:“7和5之间应该是哪些数字啊?”有时,教师会停下来,手把手地帮幼儿写上正确的数字。

问题:这位老师在教学过程中出现了什么问题?请你运用教学过程评价的知识来分析此案例。

15. 材料：

某报报道：湖南湘潭市一位幼儿家长写信说，他的孙子在幼儿园被保育员体罚，脸上和身上都有明显伤痕，且大小便失禁。他们向幼儿园投诉，对方虽然道了歉，但态度很不诚恳。李先生的孙子今年3岁，名叫小浩（化名），3月4日进入湘潭某幼儿园。这是当地一家十分有名的民办幼儿园，收费比一般幼儿园高，被人们称为“贵族幼儿园”。李先生在信中写道：小浩入园的头两周，虽有些不适应，但尚未感觉有太大变化。第三周起，我们逐渐发现孩子回家后时而埋头不语、时而大喊大叫，一提幼儿园就恐惧万分，对任何人都不理不睬，并且大小便失禁。4月9日，我们去幼儿园看孩子，发现孩子两边脸颊各紫了一大块……4月12日，我们到幼儿园接孩子，小浩脸上伤痕依旧。恰此时孩子要小便，我帮他脱下裤子，竟发现大腿两边各有青、紫几块，更令人触目惊心的是，其中有一处深深的、特别显眼的指甲印……校长张某还告诉我们说，前两天查夜时，晚上10点半发现小浩一个人坐在床边的痰盂上，很可怜的样子。原来是保育员怕他半夜解手解在床上，所以让他坐痰盂直到解出来为止，是她给孩子穿好裤子抱上床的。该园幼儿正常休息时间是晚上8点，可晚上10点多还让孩子坐痰盂，不知道这些“园丁”良心何在？

问题：请针对教师的体罚行为谈谈你的看法。

得　分	评卷人

五、活动设计题（本大题1小题，30分）

16. 请设计一节大班语言教学活动。

密　封　线　内　不　要　答　题

考场____号

准考证号

考试地点（考点学校名称）____

诚信承诺：本人在考试中所提供的个人信息真实准确；
自愿遵守考试纪律；
如有违纪情况自愿接受相应处罚。

承诺人：____

密　封　线　内　不　要　答　题

保教知识与能力（幼儿园）

全真模拟试卷（五）

（考试时间120分钟，满分为150分）

题　号	一	二	三	四	五	总　分	
题　分	30	30	20	40	30	核分人	
得　分						复查人	

第一部分　选择题（30分）

得　分	评卷人

一、单项选择题（本大题共10小题，每小题3分，共30分。在每小题列出的四个备选项中，只有一个符合题目要求，将其代码填写在题后的括号内。错选、多选或未选均无分）

1. 我国幼儿园的教学是（　　）

A. 幼儿的活动　　B. 教师的活动

C. 幼儿与教师互动的活动　　D. 个别活动

2. 我国教育家陶行知认为幼儿教育应该解放儿童的（　　）

A. 主动性　　B. 活动

C. 兴趣　　D. 创造力

3. ________是保证幼儿各方面健康发展的前提。（　　）

A. 幼儿适应环境和抗疾病的能力

B. 良好的生活习惯

C. 参加体育活动的兴趣

D. 促进幼儿身体正常发育

4. 下列不属于幼儿入学后的适应性问题的是（　　）

A. 睡眠不足　　B. 情绪低落

C. 人际关系不良　　D. 经常感冒

5. 加强冬季锻炼，要充分利用________等自然因素，以及本地自然环境，有计划地锻炼幼儿肌体，增强身体的适应和抵抗能力。（　　）

A. 雨水、阳光、地势

B. 教室、操场

C. 日光、空气、水

D. 太阳、空气

6. 在幼儿园环境创设中，要把大小环境有机结合在一起，实现学校与家庭、社区的合作，这体现了________原则。（　　）

A. 经济性　　B. 参与性

C. 开放性　　D. 多样性

7. 由学前儿童的生长和心理发展特点所决定，他们对________的依赖性更大。（　　）

A. 物质环境　　B. 精神环境

C. 教育环境　　D. 社区环境

8. 利用各种结构材料或玩具进行建构的游戏是（　　）

A. 规则游戏　　B. 结构游戏

C. 角色游戏　　D. 表演游戏

9. 儿童学科学的内在动机是（　　）

A. 受表扬　　B. 好奇心

C. 学本领　　D. 活动身体

10. 幼儿发展评价的方法不包括（　　）

A. 作品分析法　　B. 谈话法

C. 问卷调查法　　D. 家长评价

第二部分　非选择题(120 分)

得　分	评卷人

二、简答题(本大题共 2 小题,每小题 15 分,共 30 分)

11. 对幼儿园教育活动目标的评价应从哪几个方面进行?

12. 简述幼儿思维方式发展变化的趋势。

密　封　线　内　不　要　答　题

考场____号

准考证号

考试地点（考点学校名称）

诚信承诺：本人在考试中所提供的个人信息真实准确；
自愿遵守考试纪律；
如有违纪情况自愿接受相应处罚。

承诺人：

密 封 线 内 不 要 答 题

得 分	评卷人

三、论述题（本大题 1 小题，20 分）

13. 论述杜威的“儿童中心论”观点。

得 分	评卷人

四、材料分析题（本大题共 2 小题，每小题 20 分，共 40 分）

14. 材料：

贝贝穿了一件粉红色的外套，上面有很多小珠珠和亮片组成的图案，她没事做的时候就用手剥，教师发现后阻止了好几次，就怕有意外发生，所以特别关注她。可是意想不到的事情还是发生了。吃过午饭后，先吃完的孩子们开始了自由活动，当教师正忙于帮助几个吃饭慢的孩子时，突然有个小朋友告诉教师：“老师，贝贝把一个珠珠塞到鼻子里了。”教师赶忙让生活老师照顾几个没吃完饭的孩子，马上跑过去。这时的贝贝神情有些紧张，嘴巴张开在呼吸，从她的眼神里看出她很害怕，急于求助。

问题：结合材料，分析教师遇到该情况应采取哪些措施。

15. 材料：

萱萱今天是公共汽车的小司机，她见自己车上没有乘客，于是就大声嚷道："快来乘车，我要开到动物园去了。"此时，娃娃家的妈妈推着娃娃来乘车，刚想上车，砚砚走来对娃娃家的妈妈说："这辆车不能乘，没有消过毒。"小司机听到了，连忙从座位上站起来，跑到积木箱前拿出一块绿色圆形积木，告诉他们："我这辆车已经消过毒了，这是消过毒的标记。"经她这么一说，砚砚和娃娃家的妈妈都乘上了这辆公共汽车，小司机的脸上露出了笑容。

问题：结合上面的材料说明游戏对儿童发展的重要意义。

得　分	评卷人

五、活动设计题（本大题1小题，30分）

16. 请你设计一节小班音乐活动。

密　封　线　内　不　要　答　题

考场______号

准考证号

考试地点（考点学校名称）______

密 封 线 内 不 要 答 题

诚信承诺：本人在考试中所提供的个人信息真实准确；
自愿遵守考试纪律；
如有违纪情况自愿接受相应处罚。

承诺人：______

保教知识与能力（幼儿园）

全真模拟试卷(六)

（考试时间120分钟，满分为150分）

题 号	一	二	三	四	五	总 分	
题 分	30	30	20	40	30	核分人	
得 分						复查人	

第一部分　选择题(30分)

得 分	评卷人

一、单项选择题(本大题共10小题，每小题3分，共30分。在每小题列出的四个备选项中，只有一个符合题目要求，将其代码填写在题后的括号内。错选、多选或未选均无分)

1. 现在的幼儿与几十年以前的幼儿某些心理年龄特点如思维的具体形象性、爱活动、爱游戏等基本相同。这说明儿童心理发展的年龄特征具有（　　）

A. 可变性　　B. 整体性

C. 阶段性　　D. 稳定性

2. 婴儿寻求并企图与另一个人保持亲密的身体和情感联系的倾向被称为（　　）

A. 依恋　　B. 合作

C. 移情　　D. 社会化

3. 幼儿教育的中心任务是（　　）

A. 促进幼儿健康成长　　B. 确保幼儿心理健康

C. 全面促进幼儿素质和谐发展　　D. 使幼儿获得一定的知识

4. "玉不琢，不成器"说的是________对人发展的作用。（　　）

A. 遗传因素　　B. 教育

C. 生理成熟　　D. 先天因素

5. ________是学前教育工作的特殊要求。（　　）

A. 生活教育　　B. 安全教育

C. 保教结合　　D. 鼓励教育

6. "人之初，性本善，性相近，习相远。"这句话表达的观点是（　　）

A. 父母决定论　　B. 教师决定论

C. 环境决定论　　D. 遗传决定论

7. 下列关于幼儿园图书区活动的说法错误的是（　　）

A. 图书区应该选择班级里光线相对充足、比较安静的位置

B. 图书区的图书要定期更换

C. 儿童在图书区活动的时候，教师不要打扰

D. 图书的选择必须符合本班儿童的智力、语言等发展水平

8. 下列结束角色游戏的方式不适当的是（　　）

A. "现在时间到了，该下班了"

B. "没看好病的病人请明天再来吧"

C. "时间到了，游戏结束，老师要收玩具了"

D. "请还没卖完东西的售货员明天再来"

9. 将儿童游戏分为运动性游戏、智力性游戏、装扮性游戏和操作性游戏等，这是按（　　）

A. 儿童游戏的体验形式分类

B. 儿童游戏的教育作用分类

C. 儿童游戏的社会性分类

D. 儿童游戏的认知分类

10. 下列属于幼儿园教育教学手段的是（　　）

①实物　②图书　③挂图　④图片　⑤照片　⑥幻灯片　⑦多媒体　⑧录像带

A. ①②③④　　B. ①②④⑦

C. ①②③⑦　　D. 全部都是

第二部分　非选择题(120分)

得　分	评卷人

二、简答题(本大题共2小题,每小题15分,共30分)

11. 简述幼儿中暑时应如何处理。

12. 影响幼儿园内环境质量的重要因素有哪些?

密　封　线　内　不　要　答　题

准考证号

考场____号

考试地点（考点学校名称）____

诚信承诺：本人在考试中所提供的个人信息真实准确；
自愿遵守考试纪律；
如有违纪情况自愿接受相应处罚。

承诺人：____

密 封 线 内 不 要 答 题

得　分	评卷人

三、论述题（本大题 1 小题，20 分）

13. 论述幼儿教师应如何训练幼儿的思维。

得　分	评卷人

四、材料分析题（本大题共 2 小题，每小题 20 分，共 40 分）

14. 材料：

晨晨今年 3 岁了，最喜欢吃冰激凌。有一次因为天冷，妈妈没有给晨晨买冰激凌，她就伤心地哭了起来。这时爸爸给了她一块巧克力糖，晨晨立刻又笑了起来。又有一次，她看见隔壁家的小朋友哭了，也跟着哭了起来。

问题：根据材料，试分析幼儿情绪的发展趋势及培养幼儿良好情绪的基本策略。

15. 材料：

强强是个4岁的幼儿，他喜欢自言自语。搭积木时，他会边搭边说："这块放哪里呢……"搭完后，他会兴奋地说："不要动，我下命令，你就去打仗。"

问题：结合幼儿言语功能发展的有关原理，对此进行分析。

得　分	评卷人

五、活动设计题（本大题1小题，30分）

16. 请你设计一个有关"花"的教学活动。

密　封　线　内　不　要　答　题

保教知识与能力（幼儿园）

全真模拟试卷(七)

（考试时间120分钟，满分为150分）

题　号	一	二	三	四	五	总　分	
题　分	30	30	20	40	30	核分人	
得　分						复查人	

第一部分　选择题(30分)

得　分	评卷人

一、单项选择题(本大题共10小题，每小题3分，共30分。在每小题列出的四个备选项中，只有一个符合题目要求，将其代码填写在题后的括号内。错选、多选或未选均无分)

1. 如果确定幼儿的关节脱臼了，不可以采取的措施是　(　　)

A. 不要延误医疗时机，应当立即寻求医疗救助

B. 不要移动关节

C. 在患处放置冰块

D. 自己帮孩子把关节复位

2. "南人善泳，北人善骑"主要说明了________对发展的影响。　(　　)

A. 遗传因素　　B. 自然环境

C. 生理成熟　　D. 先天因素

3. 我国第一所乡村幼稚园的创办人是　(　　)

A. 黄炎培　　B. 蔡元培

C. 陶行知　　D. 梁漱溟

4. 婴儿看见物体时，先是移动肩肘，用整只手臂去接触物体，然后才会用腕和手指去接触并抓取物体。这是儿童动作发展中的________所致。　(　　)

A. 近远规律　　B. 大小规律

C. 首尾规律　　D. 从整体到局部的规律

5. 父母对孩子和蔼可亲，善于与孩子交流，支持孩子的正当要求，尊重孩子的需要；但同时对孩子有一定的控制，常常对孩子提出明确而又合理的要求，并给予引导。这种亲子关系属于　(　　)

A. 民主型　　B. 专制型

C. 放任型　　D. 溺爱型

6. 幼儿园活动区创设原则有：教育性原则、整体性原则和　(　　)

A. 共生性原则　　B. 共同发展性原则

C. 经济性原则　　D. 审美性原则

7. 为儿童创设一定的环境，让儿童在其中自我疏导其身心的某些不平衡，这种教育方法是　(　　)

A. 疏导法　　B. 派遣法

C. 发泄法　　D. 环境体验法

8. 下列不能体现幼儿游戏自主性含义的是　(　　)

A. 幼儿游戏是"我要玩"而不是"要我玩"

B. 游戏活动体现了幼儿的直接需要

C. 教师可以选择和决定幼儿做什么游戏以及怎样做

D. 游戏中幼儿心理需要不受游戏之外的因素支配

9. 不属于表演游戏的种类的有　(　　)

A. 制作道具　　B. 桌面表演

C. 影子戏　　D. 木偶戏

10. 幼儿德育的内容主要包括发展幼儿的________和个性两个方面。　(　　)

A. 特长　　B. 智力

C. 社会性　　D. 能力

第二部分　非选择题(120分)

得　分	评卷人

二、简答题(本大题共2小题,每小题15分,共30分)

11. 简述幼儿园健康教育的总目标。

12. 幼儿园环境创设的原则有哪些?

密　封　线　内　不　要　答　题

得　分	评卷人

三、论述题（本大题1小题，20分）

13. 试论述幼儿教育的一般原则。

得　分	评卷人

四、材料分析题（本大题共2小题，每小题20分，共40分）

14. 材料：

目前，我国由于升学竞争和就业竞争的现实性矛盾，学校教育陷入应试教育的模式中，而这种竞争也影响到学前教育阶段，如社会上风行的“零岁方案”“神童方案”。一些家长和幼教机构难以摆脱这种短视的教育做法，表现为重知识灌输轻能力培养、重智力培养轻人格因素培养等错误倾向。一些幼儿园迫于家长压力或受经济利益的驱动，办起了各式各样的兴趣班、特长班。

问题：根据以上内容，试分析如何正确理解我国学前教育目标。

15. 材料：

平平坐在幼儿园区角的地上，拿着一辆小汽车，在地上推来推去，口中喃喃自语。

问题：你认为平平在这一游戏中，获得了哪些体验，有助于哪些方面的发展？

得　分	评卷人

五、活动设计题（本大题1小题，30分）

16. 请为幼儿园托（小）班设计一份“我爱幼儿园”的教育活动教案。

密　封　线　内　不　要　答　题

考场______号

准考证号

考试地点（考点学校名称）

密封线内不要答题

诚信承诺：本人在考试中所提供的个人信息真实准确；自愿遵守考试纪律；如有违纪情况自愿接受相应处罚。

承诺人：

保教知识与能力（幼儿园）

全真模拟试卷(八)

（考试时间 120 分钟，满分为 150 分）

题　号	一	二	三	四	五	总　分	
题　分	30	30	20	40	30	核分人	
得　分						复查人	

第一部分　选择题(30 分)

得　分	评卷人

一、单项选择题(本大题共 10 小题，每小题 3 分，共 30 分。在每小题列出的四个备选项中，只有一个符合题目要求，将其代码填写在题后的括号内。错选、多选或未选均无分)

1. 有的地区幼儿园在课程中将社区的历史、风俗、革命传统等作为乡土教材来利用，这发挥了________对学前教育的意义。（　　）

A. 社区环境　　B. 社区文化

C. 社区习俗　　D. 社区资源

2. ________是指幼儿身体、心理及社会性发展属于没有危险隐患的舒适状态。（　　）

A. 安全性原则　　B. 适宜性原则

C. 丰富性原则　　D. 平衡性原则

3. 构成游戏的核心是（　　）

A. 游戏主题　　B. 游戏情节

C. 游戏形式　　D. 游戏内容

4.《幼儿园工作规程》规定，寄宿制幼儿园每日户外活动时间不得少于（　　）

A. 1 小时　　B. 2 小时

C. 3 小时　　D. 4 小时

5. 维生素 C 严重缺乏时可导致（　　）

A. 脚气病　　B. 坏血病

C. 佝偻病　　D. 夜盲症

6. 除了专门组织的教育教学活动以外，幼儿在园内的所有活动都包含在________之中，这是幼儿园教育的一条重要途径。（　　）

A. 课堂　　B. 游戏

C. 日常活动和生活　　D. 学习

7. 能表明新生儿的视听协调的现象是（　　）

A. 有些婴儿听到音乐会露出笑容

B. 听到巨大的声响婴儿会瞪大眼睛

C. 婴儿听到母亲叫“宝宝”就会去找妈妈

D. 婴儿看到大人逗他说话，会一跳一跳表现出快乐的样子

8. 语言能力是在________的过程中发展起来的。发展幼儿语言的关键是创设一个能使他们想说、敢说、喜欢说、有机会说并能得到积极应答的环境。（　　）

A. 一日生活　　B. 交往

C. 活动　　D. 运用

9. 幼儿艺术活动的能力是在大胆表现的过程中逐渐发展起来的，教师的作用应主要在于激发幼儿感受美、表现美的情趣，丰富他们的________，使之体验自由表达和创造的快乐。（　　）

A. 认识水平　　B. 情感体验

C. 创造思维　　D. 审美体验

10. 了解幼儿的运算能力的试题“5+3=？ 45+2=？ 4+？ =8”等采用的是笔试法中的（　　）

A. 问题测试　　B. 是非测试

C. 选择测试　　D. 匹配测试

第二部分 非选择题(120 分)

得 分	评卷人

二、简答题(本大题共 2 小题,每小题 15 分,共 30 分)

11. 简述学前儿童的学习品质评价的内容。

12. 简述幼儿游戏的类型。

密 封 线 内 不 要 答 题

得　分	评卷人

三、论述题(本大题1小题,20分)

13. 试论述教师反思的方法。

得　分	评卷人

四、材料分析题(本大题共2小题,每小题20分,共40分)

14. 材料:

某幼儿园一位新教师在教学生10以内的减法时,为了帮助学生理解,她用非常形象的语言讲述“3-1=2”:“森林里有三只漂亮的小白兔,一天,来了一只大灰狼,把其中一只小白兔给叼走了,最后只剩下两只。”老师刚说完,有个孩子突然大哭起来,整个课堂一下子乱了套。

问题:请你根据这一案例分析幼儿理解发展的特点。

15. 材料：

幼儿园可设置的活动区有：社会活动区（娃娃家、医院、市场、马路等）；自然科学活动区（天文、地理、生物、化学、物理等自然事物和现象的观察、实验等）；数学活动区；艺术活动区（音乐、美术等）；语言活动区（阅读、故事表演等）；建构操作区（拼、插、搭、小制作等）；室外可有玩沙区、玩水区、种植区、饲养区等。这种划分并不固定，每个幼儿园在具体操作时可视情况化整为零、灵活搭配。场地大一些的，可设置大的活动区；场地比较小的，可设置小一点的活动角，如图书角、数学角、自然角、娃娃家等。活动区大多以班为单位独立设置。有条件的幼儿园应设置共用的大型活动区，如图书馆、科学宫等，以期装备更好的设施、投放更丰富的材料，为各个年龄层次的幼儿提供有效的活动场所。不管是哪种类型的活动区，材料的投放都要注意丰富、分出层次（适合不同水平的幼儿），并适时增添和更换。

问题：谈谈上述活动区的创设在幼儿教育过程中的意义。

得 分	评卷人

五、活动设计题（本大题 1 小题，30 分）

16. 设计一个大班律动活动。

密 封 线 内 不 要 答 题

参考答案及解析

全真模拟试卷(一)

一、单项选择题

1.【答案】 C

【解析】 最近发展区是指儿童能够独立表现出来的心理发展水平和儿童在成人指导下所能够表现出来的心理发展水平之间的差距。

2.【答案】 A

【解析】 这是小女孩根据自己的经验展开的想象。

3.【答案】 A

【解析】 幼儿无意想象的特点:以想象的过程为满足,幼儿的想象往往不追求达到一定目的,只满足于想象进行的过程。

4.【答案】 A

【解析】 由于遗传、环境及教育的影响,身心发展具有个别差异性,因此教育应因材施教。

5.【答案】 C

【解析】 幼儿人际交往能力的重要性表现在入学后对新的人际环境的适应上。

6.【答案】 B

【解析】 在创设幼儿园环境时,根据不同地区的经济发展状况,把钱花在刀刃上,花在有利于幼儿发展的方面,而不能盲目攀比,追求形式,要少花钱多办事,这体现了经济性原则。

7.【答案】 B

【解析】 活动区环境创设时必须考虑到各区的相容性,使之相互之间不干扰。

8.【答案】 C

【解析】 将游戏纳入有目的的教育过程就是将教育活动游戏化,这需要教师制订游戏教育计划。

9.【答案】 A

【解析】 先天决定论强调先天禀赋的作用,认为语言获得不是后天学习的结果,这一观点同后天环境论针锋相对。其中较有影响的是乔姆斯基的“先天决定论”和勒那伯格的“自然成熟说”。

10.【答案】 B

【解析】 自由回答的谈话即围绕着一个或几个问题进行回答,直到了解问题为止。教师对孩子的态度、责任心等方面的评价,可以用这种方法。

二、简答题

11.【答案】 (1)发展的连续性与阶段性的统一;

(2)发展的定向性;

(3)发展的不平衡性。

12.【答案】 (1)摔伤、碰伤或割伤

当幼儿不小心割伤或碰伤后,应该迅速处理,较严重的伤口如果没有得到及时处理,几小时之内就会引起感染。

(2)小虫进入幼儿的耳朵

幼儿园户外活动时,常会发生小虫子进入幼儿耳朵的事情,严重者会损伤耳膜,导致耳聋。

(3)异物进入幼儿鼻子

由于幼儿的好奇心特别强,经常会有个别幼儿将身旁的东西如豆类、扣子、纸屑、弹球、橡皮擦等放入自己或他人的鼻孔里。异物进入鼻子,若时间太久容易导致鼻子发炎,所以应尽快将异物取出。

(4)异物进入幼儿眼睛

如果发现有煤屑、沙子等进入幼儿的眼睛,教师要用语言提示幼儿千万不要用手去揉眼睛,等待教师帮助取出或带他去看医生。

(5)幼儿脱臼

脱臼是指因外力或其他原因造成关节部位偏离正常位置。脱臼通常是由外力引起的,如重击、摔倒,但也可能因一些内科疾病引发,如风湿性关节炎。

三、论述题

13.【答案】 (1)发挥一日活动整体教育功能

幼儿园一日活动是幼儿园每天进行的所有保育和教育活动。它包括由教师组织的活动(如幼儿的生活活动、劳动活动、教学活动等)和幼儿的自主自由活动(如自由游戏等)。幼儿园应充分认识和利用一日生活中各种活动的教育价值,通过合理组织、科学安排,让一日活动发挥一致、连贯、整体的教育功能,寓教育于一日活动之中。

(2)一日生活中的各种活动不可偏废

无论是幼儿吃喝拉撒睡一类的生活活动,还是作业课、参观访问等教学活动;无论是有组织的活动还是幼儿自主自由的活动,都有重要的教育作用,对幼儿的发展都是不可缺少的。因此,不能顾此失彼、随意削弱或取消任何一种活动。

(3)各种活动必须有机统一为一个整体

每种活动不是分别、孤立地对幼儿发挥影响的。一日活动必须统一在共同的教育目标下,形成教育合力,才能发挥整体教育功能。因此,如何把教育目标渗透到各种活动中,每个活动怎样围绕目标来展开,就成为实践中应当特别关注的问题。

四、材料分析题

14.【答案】 从材料可以看出,幼儿教师要实现与幼儿的有效沟通,需要具备相应的知识与能力,包括教育学、心理学、生理学等知识，以及观察能力、沟通能力、组织小组活动、指导游戏、指导幼儿行为、评价教育活动的能力等。其中，沟通能力在幼儿教育过程中尤为重要。

教师与幼儿的沟通主要有两个方面：非言语沟通与言语沟通。

(1)非言语沟通包括教师通过微笑、点头、抚摸、蹲下与幼儿交流等。教师与幼儿的身体接触有利于安抚幼儿的情绪，让幼儿消除紧张，感到温暖、安全。教师可以参与到幼儿的活动中，对幼儿的情感和感受可以获得真实的体验。

(2)言语沟通是指教师和幼儿直接交谈。个别或小组中的交谈是幼儿分享情感、心灵交汇的重要途径。它需要教师在抓住机会、选择话题、引发和延续谈话、激发幼儿谈话的兴趣和积极性等环节上，具有灵活机智的策略、丰富的经验技巧。教师与幼儿之间平等地、民主地交流，并且是面向全体幼儿，这样可以取得较好的效果。

幼儿教师要与幼儿实现有效的沟通，除教师要与幼儿平等交流以外，还需要掌握一些技能。

(1)引发交谈的技能。教师要善于抓住时机、创造气氛，发现幼儿感兴趣的话题，将幼儿自然吸引过来，比如："你能把你的想法告诉老师吗？"

(2)倾听的技能。用恰当的言语或非言语方式热情地接纳和鼓励幼儿谈话、提问，让幼儿产生受到尊重的喜悦感和自信心。利用目光接触是比较好的积极反馈方式。

(3)扩展谈话和结束交谈的技能。教师要学会用幼儿理解的方式引导幼儿将谈话持续下去。同时，也要在适当的时候结束谈话，让幼儿表现出满足感，比如："老师还有点事情要去做，咱们下一次再好好谈谈，好吗？"

④面向全体，注意个体差异。针对不同语言能力的幼儿采取不同的内容、方式进行沟通，多鼓励、多倾听，有效刺激幼儿交谈，比如："你这一次比上一次说得更清楚了。"

15.【答案】 这是教师对儿童结构游戏的一种指导策略。发现幼儿在游戏中遇到困难、挫折（对结构材料不会玩）时，老师采取了平行式介入法介入儿童的游戏来给予指导。平行式介入法是教师在幼儿附近，和幼儿玩相同的或不同材料和情节的游戏，目的在于引导儿童模仿，教师起着暗示指导作用。当幼儿对新玩具材料不感兴趣、不会玩、不喜欢玩时，或只喜欢玩某一类游戏，而不喜欢玩其他游戏时，教师可以用这种平行式介入的方法进行指导。教师一般以平行角色的身份或教师的身份来参与游戏。

五、活动设计题

16.【答案】 活动名称：夏季音乐会

活动目标：

(1)激发幼儿学习语言的兴趣，感受语言的丰富与优美；

(2)培养幼儿合理的想象力及语言表达的能力；

(3)了解诗歌的内容，学习仿编诗歌。

活动准备：

(1)背景图片：蜜蜂、知了、青蛙、雷公公、小鸡、鸭子、鹅、牛、羊、猫头鹰、燕子、小雨点、小朋友、小狗、小猫胸饰各一个；

(2)大树、池塘、草地的场景；

(3)课件、录音机、磁带。

活动过程：

(1)今天，我们要去观看夏季音乐会，你们高兴吗？

那就让我们带着喜悦的心情、伴随着愉快的歌声出发吧！

(2)音乐会已经开始了，让我们听听，是谁在唱歌？（蜜蜂、知了、青蛙、雷公公）

(3)它们是怎么唱歌的？（嗡嗡、知了、咕呱、轰隆）

它们在什么地方唱歌？（草丛中、大树上、池塘里、天空中）

你能用一个好听的词来形容一下吗？（绿绿的草丛中、高高的大树上、清清的池塘里、高高的天空中）

(4)小演员的歌声交织在一起，就汇成了一支美妙的夏天的歌，听：

夏天的歌在哪里？嗡，嗡，嗡，在绿绿的草丛中。

夏天的歌在哪里？知了，知了，在高高的大树上。

夏天的歌在哪里？咕呱，咕呱，在清清的池塘里。

夏天的歌在哪里？轰隆，轰隆，在高高的天空中。

(5)它们的歌声好听吗？那就请小朋友们和它们一起带着美美的表情、伴随着好看的动作，用好听的声音唱一遍这首夏天的歌吧！（幼儿和教师一起带着动作，学习朗诵诗歌两遍）小朋友们的歌声真是太动听了！

(6)创编诗歌：让我们看看又有哪些小演员来到了音乐会？（小鸡、猫头鹰、鸭子、小雨点）它们也想把歌声编进这支夏天的歌里，请小朋友帮忙，想一想，和旁边的小朋友商量一下，应该怎么编？

(7)夏季音乐会的小演员们都到齐了，让我们找一找，还有谁来了？是怎么唱歌的？

请小观众挑选你最喜欢的小演员到它们的舞台上去歌唱，把它们的歌声都编进夏天的歌里。

(8)让我们给这首歌起个好听的名字吧！

(9)在我们的生活中还有许多会唱歌的小演员，让我们一起去找一找，把它们的歌声也融入我们这首夏天的歌里！

全真模拟试卷(二)

一、单项选择题

1.【答案】 D

【解析】 学前儿童思维发展的一般特点为：3 岁前儿童的思维主要是直觉行动思维，3 岁后直觉行动思维继续发展，并且发生质的变化。

2.【答案】 B

【解析】 卢梭主张教育要与儿童天性的自然发展一致。

密 封 线 内 不 要 答 题

3.【答案】 A

【解析】 题中所述割裂了各活动之间的联系，没有发挥其整体教育功能。

4.【答案】 B

【解析】 生长发育是幼儿特有的热能消耗，与生长的快慢成正比。

5.【答案】 C

【解析】 开放日是指幼儿园定期请家长参观和进行亲子活动，是经常性的活动。

6.【答案】 B

【解析】 略。

7.【答案】 A

【解析】 规则游戏是教师根据一定的教育目的，按照一定的目标设计的游戏，其他的游戏和规则游戏的划分不是同一个维度。规则游戏是从游戏的结构划分的游戏类型，结构游戏、角色游戏、表演游戏是从游戏的内容划分。

8.【答案】 A

【解析】 略。

9.【答案】 B

【解析】 运用丰富的语言进行描述是最常用的教育教学方法。

10.【答案】 A

【解析】 略。

二、简答题

11.【答案】 (1)活动法：游戏法、实验法、操作练习法；

(2)直观法：观察法、演示和示范法；

(3)口授法：谈话法、讲解和讲述法。

12.【答案】 (1)家园合作是人的发展的需要；

(2)家园合作有利于家长资源的充分利用；

(3)家园配合一致，促进幼儿健康和谐发展。

三、论述题

13.【答案】 教师是幼儿园环境创设中重要的人的要素，在环境创设中发挥着重要的作用，主要表现在以下几个方面。

(1)准备环境。准备一个与教育相适宜的环境是教师的职责。教师在准备环境时的作用主要表现在：①让环境蕴含目标；②让幼儿感兴趣，更使其增加兴趣；③尽可能让幼儿感受到环境是由自己而不是教师决定的。

(2)控制环境。教师控制环境的作用是指教师能利用环境来激发和保持幼儿的活动积极性，能帮助幼儿利用环境的条件来发展自己。教师控制环境的作用，大致有以下几个环节：诱导幼儿进入活动；帮助幼儿展开活动；指导幼儿解决纷争、困难或情绪问题；帮助幼儿结束活动。

(3)调整环境。经常调整环境，使它保持适合幼儿发展的最佳状态，是教师的重要任务。教师要对环境与幼儿的相互作用保持高度的敏感，最好每一天甚至每次活动后都重新审视一下环境，通过及时地调整来保持环境的发展性、教育性。

四、材料分析题

14.【答案】 李老师的行为是正确的。幼儿园的一日生活有重要的教育意义。幼儿一日生活是构成幼儿日常生活的重要组成部分，幼儿每天都会从各种必不可少的日常生活中潜移默化地掌握很多最基本的生活经验，锻炼独立生活的能力，发展德、智、体、美等方面的素质。因此孩子能做的事，教师不要代替，家长也不要包办。对于这个道理，李老师不仅自己明白，还努力引导家长明白。只有幼儿园和家庭通力合作，为孩子营造一个顺利成长的环境，才能更有利于孩子的全面发展。

15.【答案】 这种现象的存在有着诸多原因。

(1)长期文化传统的影响。作为有五千年悠久历史的文明古国，中国人较为重视给予儿童足够的文化知识，其他方面则常常忽视。

(2)家长的功利需要。由于独生子女政策的推行，家长“望子成龙”“望女成凤”的心态十分普遍。许多家长过早地为孩子选择职业定向，学习一技之长，希望孩子能够在人才竞争中取胜。而作为幼儿教育目标当中一些基本的内涵则被忽视和削弱了，如幼儿的人格培养、身体素质的提高、审美素质的提高等。

(3)应试教育的压力。由于升大学竞争和就业竞争的现实性矛盾，学校教育陷入应试教育的模式当中，而这种竞争也已经广泛深入地影响到幼儿教育阶段。在社会上风行的“零岁方案”“神童方案”等，无不反映出应试教育在学前教育中的影响。

正因为上述原因，家长和幼教机构难以摆脱这种短视的教育做法，表现为重知识灌输轻能力培养、重智力培养轻人格因素培养等错误倾向。一些幼儿园迫于家长的压力或经济利益的驱动，办起了各式各样的兴趣班、特长班，干扰和影响了幼儿园全面发展教育目标的贯彻实施。

幼儿体、智、德、美各个方面是相互促进、相互补充的关系，“特色园”“兴趣班”的做法常常只注重幼儿的某一方面发展，盲目攀比，揠苗助长，如果利用不好会压制幼儿的正常发展。而且无视幼儿的身心发展规律，容易造成幼儿思维、个性发展的扭曲，与人们的愿望背道而驰。

五、活动设计题

16.【答案】 活动名称：迎春花

活动目标：

(1)在认识迎春花外形特征的基础上，用简短的语句较完整地描述迎春花的特征，提高观察力；

(2)教育幼儿爱护花草树木。

活动准备：户外较大场地，有较多的迎春花。

活动过程：

1. 活动导入

(1)谈话导入活动。

(2)启发幼儿说出:“衣服穿得少了,风吹在身上不是很冷,太阳下暖暖的。”

2. 活动组织

(1)教师带领幼儿到户外花园里去寻找春天最早开的花。幼儿分散去寻找。找到后,大家一起观察。远看迎春花是什么样的?近看迎春花是什么样的?(教师在幼儿观察时进行个别指导,可以从花的形状、花的颜色、一朵花有几片花瓣、花朵长在哪里、枝条什么样、枝条上除了花还有什么等方面来引导幼儿对迎春花进行细致的观察)

(2)请幼儿来说说观察的结果,教师帮助归纳总结。

“这种花叫什么名字?”“为什么要叫它迎春花?”“迎春花美不美?”“这些花把我们的花园打扮得漂漂亮亮,我们应该怎么做?”

(3)欣赏儿歌:《迎春花》。

全真模拟试卷(三)

一、单项选择题

1.【答案】 B

【解析】 游戏是促进幼儿心理发展的最好活动形式。

2.【答案】 C

【解析】 家庭教育发生在家里,不像学校教育那样具有组织性和计划性,而是具有随意性的特点。

3.【答案】 A

【解析】 从对幼儿活动干预的角度,幼儿园教育活动的类型包括自由活动、活动区活动和集体活动。游戏活动是根据幼儿园一日生活环境中的教育侧重点划分的,还包括生活教育活动和教学活动。

4.【答案】 B

【解析】 我国现行幼儿园大多是按照儿童的实际年龄分为小、中、大班。

5.【答案】 B

【解析】 幼儿园要和不易见面的家长联系,就需要一个中介来实现。联系手册是记录幼儿在家庭和幼儿园活动情况的联系方式。

6.【答案】 C

【解析】 父母是孩子的第一个和最重要的环境影响因素。每个幼儿都从自己的家庭生活中获得不同于他人的经验,形成自己的行为习惯,发展待人处事的能力。家长对孩子的影响贯穿其一生,所以家长是儿童的第一任教师,也是终身教师。

7.【答案】 D

【解析】 表演游戏是幼儿根据故事或者童话等文学作品的内容和情节,通过扮演角色,运用语言、动作和表情进行表演的一种游戏形式。

8.【答案】 D

【解析】 皮亚杰的认知发展理论将儿童的游戏分为感觉运动游戏、象征性游戏、结构游戏和规则游戏。

9.【答案】 C

【解析】 《幼儿园教育指导纲要(试行)》中指出,幼儿园“五大领域”教育活动依次是健康、语言、科学、社会、艺术。

10.【答案】 D

【解析】 略。

二、简答题

11.【答案】 幼儿德育是道德教育的起始阶段,是根据幼儿身心发展的特点和实际情况,对幼儿实施的品德教育。

幼儿德育的目标是:萌发幼儿爱祖国、爱家乡、爱集体、爱劳动、爱科学的情感,培养诚实、自信、好问、友爱、勇敢、爱护公物、克服困难、讲礼貌、守纪律等良好的品德行为和习惯,以及活泼、开朗的性格。幼儿德育的目标强调从情感入手,符合幼儿品德形成和发展的规律,符合幼儿的年龄特征。

幼儿品德教育的内容主要包括发展幼儿社会性与发展幼儿个性两个方面。

12.【答案】 (1)幼儿角色游戏的特点:

①是幼儿可以按自己的意愿进行的活动;

②是幼儿的一种创造性想象的活动;

③其内容主要反映社会生活,为社会、家庭和幼儿园周围的环境所制约;

④它具有很大的灵活性,无一定的程序和模式,不追求固定的结果。

(2)幼儿角色游戏的主要功能:促进幼儿想象力与思维能力的发展,为幼儿提供广泛交往的机会和道德行为实践的机会,帮助幼儿认识社会,培养幼儿的积极情感。

三、论述题

13.【答案】 (1)消除幼儿对教师的恐惧。幼儿在刚刚进入幼儿园时,对陌生的环境与陌生的人会有一种恐惧感。因此,教师要以亲切的面部表情,和蔼可亲的语气同幼儿进行交谈。而且对于新入园的幼儿要尽力帮忙让他们熟悉幼儿园。教师一方面要采取宽容的态度,另一方面还要以自己的常识满足幼儿的好奇心。因为儿童往往对于有常识的教师特别有好感。

(2)让幼儿学会如何尊重他人。中小班幼儿往往因为发展的不成熟,对于友谊的界线并不十分清楚,有些幼儿更是把和蔼可亲与软弱可欺混为一谈。面对这一情况,教师不要以硬克硬,而是要让幼儿首先分清这两个词的内在含义,而且还要幼儿对自己的言行负起必要的责任。

(3)与儿童共同制定良好师生关系的基本原则。教师与幼儿要做到相互尊重、相互爱护、相互支持。因为这才是我们所希望的良好师生关系。在实现良好的师生关系方面的“主要责任者”是教师、保育员与幼儿,但也包括幼儿园中的每一个人。这些人都必须具有健全的人格、良好的身体,而且还要具有正确的“爱”的精神。只有所有的幼儿教育工作者团结起来,保教结合、协调一致,才能使儿童身心得到和谐健康的发展。

四、材料分析题

14.【答案】 (1)幼儿园与家庭相互配合的基本理论:现代教育理论认为,幼儿园与家庭是伙伴关系,家长

密 封 线 内 不 要 答 题

密 封 线 内 不 要 答 题

和教师是平等的教育主体。在幼儿园与家庭的相互配合中,教师要坚持尊重家长、确立家长主体地位的原则,和家长相互支持、相互配合,从而达到幼儿园教育和家庭教育的一致性。

(2)分析和评论:在A、B两位老师的观点中,教师是教育的权威,家长则是受教育者、受指责者和幼儿园命令的执行者。其实质是否认了幼儿园与家庭的伙伴关系,否认了家长和教师是平等的教育主体。因此,他们的观点是片面的、错误的。

(3)幼儿园与家庭相互配合应遵循的原则:①尊重家长和他们正确的育儿方式。不同的家庭有不同的教养方式,幼儿教师必须了解这种差异,从而了解家长对幼儿、对幼儿园的态度。②注意教师与家长及家长之间的相互作用。家长与教师在教育幼儿的活动中是互动的过程,二者都有相同的目的,家长直接的沟通交流也可能影响到幼儿园的教育教学活动。③开拓家长工作的广度和深度。幼儿教师需要通过一些常规的沟通活动,如通过接送时间与家长的言语交流、家长联系簿等,和家长进行沟通。同时,还可以通过其他方式,如开放日,请家长来参观和参与教学活动,从而理解教师的教育努力,取得家长的支持与配合。

15.【答案】 该活动不是真正意义上的游戏活动。角色游戏的组织与指导要遵循自主性、接纳性原则。角色游戏是幼儿主动自愿、自由自主的活动,教师在游戏中,至多只能充当游戏"脚本"的"改写者"角色,而不是游戏"脚本"的"编写者",不能把自己的意志和想法强加给幼儿。而材料中幼儿"表演时,老师不停地提示孩子们对话,做动作"。第二轮表演时,"老师还是不时地按照故事情节规范语言,纠正孩子们的动作。好多孩子忙着摆弄有趣的道具,忘了表演,老师又不停地提醒……"这都充分体现了教师干涉过多,没有发挥幼儿游戏的自主性。接纳性原则是指幼儿在与同伴、材料互动中会产生新的兴趣和需要,而这些未必是教师所预设的。这时教师应当及时更正自己的计划,敏锐地发现其中的意义和价值,帮助幼儿实现他们的想法,使幼儿的角色游戏真正成为幼儿自己"想要玩的"和"喜欢玩的"游戏,而不是"教师要他们玩的游戏"。而案例中,教师明显没有悦纳幼儿对游戏的新想法,而是不断通过言语指导把自己的想法强加给幼儿,所以该活动不是真正意义上的游戏活动。

五、活动设计题

16.【答案】 活动名称:滴答滴答(散文欣赏)

活动目标:

1. 感受散文中优美的语句,理解角色之间相互关爱的美好情感;

2. 能对散文内容展开丰富的联想。

活动准备:

小鸡、小蚂蚁等角色的头饰(与幼儿人数相符),教学挂图,散文录音。

活动过程:

一、创设问题情景,幼儿自由想象

1. 出示小鸡、小蚂蚁和小朋友的图片:滴答、滴答!天空下起了小雨,小鸡、小蚂蚁和小朋友都在外面玩,它们会用什么方法躲雨呢?可能会有谁来帮助它们呢?

2. 分组讨论,集体交流。

二、配乐散文,感受和理解散文内容

1. 幼儿欣赏,教师有表情地朗诵:散文的名字叫什么?你喜欢这篇散文吗?为什么?

2. 幼儿再次欣赏散文:你觉得散文中哪些句子很优美,很好听?

3. 鼓励幼儿复述散文中优美的句子。

4. 出示挂图,加深对散文的理解:散文中有哪些伞,这些伞是谁做的?它为什么要做成这种伞?

(教师引导幼儿用散文中优美的语句表达)

三、感受散文中角色之间相互关爱的美好情感

1. 幼儿选择头饰,进行散文表演:你最喜欢散文里的谁?为什么?让我们一边听散文一边表演。(鼓励幼儿轻声跟念散文)

2. 幼儿展开联想,尝试用散文中的句式表达自己的想象:

滴答!滴答!天空下起了小雨,还有谁会撑起伞来帮助别人呢?这是一把什么伞?

全真模拟试卷(四)

一、单项选择题

1.【答案】 C

【解析】 思维力是幼儿智力发展的核心部分。

2.【答案】 B

【解析】 幼儿园的主要目的就是对幼儿实施保育和教育,是幼儿园两大方面的工作。

3.【答案】 C

【解析】 儿童计划免疫是根据危害儿童健康的一些传染病,利用安全有效的疫苗,按照规定的免疫程序进行预防提高儿童免疫力,以达到预防相应传染病的目的。所以在幼儿中建造计划免疫的目的是保护易感人群。

4.【答案】 B

【解析】 家庭是儿童社会化最初的环境,父母、家长是幼儿最早的、最密切的接触者。

5.【答案】 B

【解析】 从活动形式来分,幼儿园环境应当包括语言环境、运动环境、劳动环境和游戏环境;从幼儿园强调保教结合,保教并重这一特点来分,幼儿园环境又可分为保育环境和教育环境;从幼儿的生活、安全、活动和交往的需求来分,幼儿园环境应当包括生存环境、安全环境、活动环境和交往环境;从幼儿园课程的结构及特征来分,幼儿园环境包括物质空间环境、组织制度环境和文化心理环境;从幼儿在园一日活动的主要类型来分,幼儿园环境可分为生活活动环境、游戏活动环境和学习活动环境。

6.【答案】 D

【解析】 准备环境、控制环境、调整环境是教师在幼儿园环境创设中的重要工作内容。

7.【答案】 C

【解析】 教师让幼儿参与环境创设时,必须认识到:幼儿的参与是权利,不是"帮忙";幼儿在参与中发展,克服"幼儿无能的思想"。只有树立正确的观念,教师才能在幼儿参与环境创设过程中更好地发挥其主体性,培养其责任感、合作精神等。

8.【答案】 B

【解析】 幼儿角色游戏中,教师指导必须根据幼儿的发展情况和游戏的线索,在幼儿遇到困难或问题时,游戏中幼儿的经验需要提升时,游戏中出现教育契机,教师可以达成教育目标时,教师必须介入游戏。

然而在幼儿全身心投入时，教师不应该介入打扰幼儿的游戏。

9.【答案】 B

【解析】 幼儿参与实际行动，能够获得亲身体验，增强自己的认知、情感等，易于将行为规则、法规等内化为自己的信念，支配自己行为，从而形成良好的行为习惯。所以，行动操作法最有利于培养幼儿良好的行为习惯。

10.【答案】 A

【解析】 教师在介入幼儿游戏时最好不要干扰幼儿，以平行游戏策略优先。

二、简答题

11.【答案】 游戏是学前教育的基本活动。教师在游戏过程中的作用决定了儿童游戏的质量和对儿童成长发展的不同效果。一般而言，教师在游戏过程中的作用主要体现在：(1)创设游戏环境；(2)指导和促进游戏的开展；(3)观察和评估游戏。

12.【答案】 幼儿智育是有目的、有计划地让幼儿获得粗浅的知识技能，发展智力，增进对周围事物的求知兴趣，学习"如何学习"，并养成良好学习习惯的教育过程。其内容主要包括以下几方面：(1)发展幼儿的智力；(2)引导幼儿获得粗浅的知识；(3)培养幼儿求知的兴趣和欲望以及良好的学习习惯。

三、论述题

13.【答案】 幼儿语言教育主要有以下几种途径：

(1)专门的语言教育活动。教师有目的、有计划地组织指导幼儿进行的语言学习活动，把语言作为幼儿学习的对象，这是专门的幼儿语言教育活动，是幼儿语言教育的主要途径。这种语言教育是正规的，是幼儿语言教育的主体。学习的主要内容包括：语言要素（语音、语词、语句、语段等）、儿童文学作品（儿歌、儿童诗、生活故事、童话、寓言、儿童散文、儿童戏剧等）。教师要精心创设语言学习情境，引发幼儿与环境材料、伙伴及教师积极的相互作用。专门的语言教育活动的组织形式有集体的、小组的和个别的。

(2)日常言语交往中的指导。在日常生活、游戏中，对幼儿实际的言语交往能力给予指导，把语言教育贯穿于一日活动的各个环节。这是幼儿语言发展的基本环境。

(3)其他教育领域的配合。语言教育不仅仅是语言领域的事。幼儿在健康、自然、社会、艺术等领域的学习中，同样离不开语言工具。所以，语言教育不仅仅是语言教师的任务，其他领域的教师也应注意对幼儿语言的指导，配合语言领域教师，共同为幼儿语言的良好发展承担责任。

(4)幼儿园与家庭的配合。语言教师指导和帮助家长创设良好的家庭语言环境，使家长了解自己对孩子语言发展的影响以及与孩子言语交际应注意什么。

四、材料分析题

14.【答案】 在幼儿教育的实践环节中，经常会看到两种近乎极端的现象，一种现象是在有人观摩活动时频频出现的，就是材料中的教师忙于"过度照顾"，没有审思过什么时候介入幼儿的操作，以怎样的方式介入更为适宜，结果就会导致教师忙忙碌碌，幼儿觉得教师总是在干扰他们的独立活动。这种情况，将结果"劈头盖脑"地给了幼儿，教师"一厢情愿"地给予恰恰剥夺了幼儿亲历学习的机会。而另一种现象则是无人观摩活动的时候，教师对幼儿的操作"置之不理"，任由幼儿自行操作，幼儿忙忙碌碌、开开心心却不得要领。

在幼儿园教育活动实施过程中，指导是必要的，甚至会推动幼儿在原有基础上跨越式发展。但指导是有前提的，教师需要明晰幼儿遇到了什么困难，这个困难经过自己的努力、同伴的协助是否能够有效解决，进而运用不同的评价给幼儿提供支持。

15.【答案】 体罚是指教师的行为造成幼儿身体损害的一种行为。广义的体罚还包括变相体罚，如罚蹲下起立、罚站、罚跪等。教师体罚幼儿园幼儿，无论从良心、道德还是法律上来讲，都是不允许的。

教师因故意行为造成幼儿伤害的，法律也有相应的责任规定。我国《未成年人保护法》明确规定："学校、幼儿园、托儿所的教职员对未成年幼儿和儿童实施体罚或者变相体罚，情节严重的，由其所在单位或者上级行政机关给予行政处分。"

惩罚事件不仅对幼儿的身体有伤害，同时更伤害了他们的心理，幼儿的家长有通过法律讨回公道的权利。

五、活动设计题

16.【答案】 活动名称：大班语言活动——照片的故事

活动目标：

(1)运用连贯、完整并且富有一定故事情节的语言讲述照片的内容；

(2)感受照片所表现内容的多样性；

(3)体验与人交流的乐趣。

活动准备：

(1)教师准备的照片：示范讲述的照片，孩子在幼儿园活动的照片，三张有益于幼儿经验拓展的照片，如幼儿园运动会照片，《喜羊羊与灰太狼》照片，刘翔比赛的照片；

(2)幼儿准备自己的照片2~3张，课前请家长和孩子共同交流、回忆有关照片的内容；

(3)布置照片展览会；

(4)自制一本相册。

活动过程：

一、创设情境，组织幼儿参观照片，相互交流照片的内容

(1)提出参观的要求："参观的时候，请你找一找哪张照片是你的，和好朋友讲一讲你的照片上有谁，是在什么地方拍的，当时你的心情怎么样。"

(2)幼儿参观，同伴间互相讲述，教师了解幼儿讲述的大致情况，给予个别幼儿恰当的指导。

二、教师示范讲述自己照片的故事

(1)教师示范讲述：我的照片的故事。

(2)通过提问，帮助幼儿理解讲述的要点以及讲述的条理性和完整性。

①我的照片里有谁？

②我和谁在什么时候去了什么地方？

③做了一件什么事？玩得怎么样？

密 封 线 内 不 要 答 题

三、启发、引导幼儿用连贯、完整的语言讲述各类照片，感受照片所表现的不同内容，体验大胆讲述、与人交流的乐趣

(1)个别讲述自己照片的故事。

师："谁愿意去选一张自己的照片，并将照片的故事讲给大家听？"

(2)讲述幼儿在幼儿园活动中拍的照片的故事。

(3)经验迁移，讲述他人照片的故事。

①《喜羊羊与灰太狼》节目的剧照。

②幼儿园运动会照片。

③刘翔比赛的照片。

(4)自选照片，再次与同伴交流、分享照片的故事。

四、分类整理，制作班级相册，共享照片的故事

(1)引导幼儿对照片进行归类、整理。

"每一张照片不仅能讲述一个好听的故事，还能帮助我们记住一件事情，每一张照片都很珍贵，我们应该将它保存好。"请幼儿按照片拍摄的地点归类、整理。

(2)制作班级相册，分享活动的快乐。

师："这些照片装在一起，再加个封面就做成一本相册了，这是我们的班级相册，我们还会有更多的照片存放在里面，我们还要继续讲照片的故事。"

五、活动延伸

继续收集照片，让幼儿在区域活动中自由讲述。

全真模拟试卷(五)

一、单项选择题

1.【答案】 C

【解析】 我国幼儿园的教学是幼儿与教师互动的活动。

2.【答案】 D

【解析】 陶行知认为教育要启发儿童、解放儿童、培养儿童的创造力；只有放开让儿童进行创造，才能培养真正的人才。

3.【答案】 D

【解析】 幼儿各方面的健康发展首先需要身体的正常发育，这是幼儿健康发展的前提条件。

4.【答案】 D

【解析】 幼儿入学后的适应性问题主要表现为身体方面的睡眠不足、身体疲劳、体重下降等现象；心理方面的精神负担重、心理压力大、情绪低落等现象；社会性方面的人际交往不良、人际关系紧张等。经常感冒属于疾病范畴，不属于适应性问题。

5.【答案】 C

【解析】 冬季锻炼，要充分利用日光、空气、水等自然因素，是我国幼儿园的"三浴"锻炼，符合卫生学原理。

6.【答案】 C

【解析】 幼儿园将自身环境与外界的家庭、社区等环境结合在一起，这体现了其对外开放的特点，坚持了开放性原则。

7.【答案】 A

【解析】 学前儿童的生长发展和心理发展特点决定他们对物质环境的依赖性更大。他们的独立生活能力尚在形成中，需要成人为其准备安全、卫生、舒适、优美、丰富、和谐的生活环境和教育环境，儿童在适宜的物质环境中生活，他们的生存与发展可获得可靠的保障。

8.【答案】 B

【解析】 结构游戏是幼儿利用各种不同的结构材料或玩具，构造物体形象，反映现实生活的一种游戏。

9.【答案】 B

【解析】 好奇心是儿童学科学的内在动机，也是幼儿进行一切探索活动的原动力。

10.【答案】 D

【解析】 略。

二、简答题

11.【答案】 (1)评价活动目标与教育的总目标、年龄阶段目标以及单元目标是否有紧密的联系；

(2)评价活动目标是否包括了认知、情感与态度、操作技能三方面的要求；

(3)评价活动目标是否与儿童的实际情况相适应。

12.【答案】 幼儿思维方式发展变化的趋势表现为以下几方面。

(1)直观行动思维，主要以直观的、行动的方式进行，主要特点是：思维是在直接感知中进行的；思维是在实际行动中进行的。

(2)具体形象思维，依靠表象，即事物在头脑中具体形象的联想进行，是幼儿思维的典型方式，是在直观行动性的基础上形成和发展起来的。

(3)抽象逻辑思维，反映事物的本质属性和规律性联系的思维，是通过概括、判断和推理进行的，是高级思维方式。

三、论述题

13.【答案】 杜威是在批判旧教育的过程中提出"儿童中心主义"思想的，也就是说，是在"破旧"中"立新"的。

在杜威看来，在传统教育那里，"学校的重点在儿童之外，在教师，在教科书以及你所高兴的任何地方，唯独不在儿童自己即时的本能和活动之中"，教科书"是过去的学问和智慧的主要代表"，而"教师是使学生和教材有效地联系起来的机体，教师是传授知识和技能以及实施行为准则的代言人"。因而，传统教育的弊病是显而易见的，"传统教学的计划实质上是来自上面的和外部的灌输。它把成人的标准、教材和方法强加给只是正在逐渐成长而趋于成熟的儿童。差距是如此之大，所规定的教材、学习和行动的方法，对于儿童的现有能力来说，都是没有关联的……尽管优秀的教师想运用艺术的技巧来掩饰这种强制性，以减轻那种显然粗暴的性质，它们还是必须灌输给儿童的"。

由于传统教育的"重心"放在教师和教材上面，而不是放在儿童的本能和活动中，于是儿童只能受到"训练""指导和控制"以及"残暴的专制压制"。去除这种弊病的出路就是使教育实现重心的转移。"我们教育中将引起的改变是重心的转移，这是一种变革，这是一种革命，这是和哥白尼把天文学的中心从地球转到太阳一样的那种革命。"这里，儿童变成了太阳，而教育的重心从教师、教材那里转移到儿童身上，这就是杜威介导的"新教育"(或"进步教育")，也就是"以儿童为中心"的教育。

四、材料分析题

14.【答案】 幼儿的安全问题是幼儿教师工作的重中之重，发生材料中所述情况以及同类情况可采取以下措施：

(1)如果发现幼儿鼻腔有异物时，要让孩子改用口腔呼吸，面向有光亮的地方，令其抬起头并用手指将鼻尖向上推起，用手电筒照射即可看到异物，此时不可立即拿镊子钳夹，以防异物被推向鼻腔深处。对于年龄稍大而又听话的孩子，可用手指压住未堵鼻孔，令其低头并做擤鼻涕的动作，异物即可随气流冲出鼻孔，或是部分露出鼻腔，露出鼻腔的异物属圆形且表面光滑，可用大拇指压迫患侧鼻翼，将异物挤出鼻腔。

(2)如鼻腔的异物属纸团、纽扣等不规则物体，则可用镊子将其夹出。也可以让患儿闻胡椒粉等刺激性气味，促使患儿打喷嚏，有可能将异物喷出。

(3)对于无法取出的鼻腔异物，老师不要强行取出，以免损伤鼻腔或形成呼吸道异物，应设法劝阻儿童哭闹，改用口腔呼吸，然后迅速抱送医院治疗。

15.【答案】 儿童的游戏不同于成人的玩，游戏对儿童的成长具有重要的意义。

(1)游戏促进儿童的认知发展。游戏伴随着儿童成长，儿童通过游戏探索环境，从接触物体中获得知识并解决问题。①在游戏中儿童可以潜移默化地学到许多知识。如在爬攀登架的过程中能体会到空间和高低，在玩水的过程中会感觉到干与湿，玩积木的时候能体会并认识到大小、形状、颜色等。②游戏有助于培养儿童的注意力、观察力和判断力。在游戏的过程中，儿童会不断地移动、触摸、聆听、观察，这些感官刺激有助于培养注意力、观察力和判断力。③游戏能够激发儿童的创造力和思考力。儿童的创造力在游戏中表现得十分明显，如游戏促进儿童的社会性发展。孩子们在游戏中作为集体的成员，开始学会相互理解，共同遵守规则，学会与人相处。

(2)借助游戏，儿童的社会交往能力得到了锻炼与发展。在游戏中，他们首先学会发现自我，他们了解到自己是什么样的人、自己的行为会带来什么样的后果、别人会对自己有什么样的反应、自己会对别人有什么样的反应等。

(3)游戏有利于儿童情绪的发展。通过游戏使儿童能够解决一些情绪问题，在试验性的、没有恐惧的情境中学习对付焦虑和各种冲突。①游戏是儿童表现情感的一种重要方法。孩子们在游戏的时候往往全神贯注、无拘无束，显露出自己的真正本性。②游戏是儿童克服情绪紧张的一种手段。孩子们可以在游戏中学习解决问题的方法。③游戏有助于消除孩子愤怒的心情。在当代，有许多心理学家或教育家将游戏作为一种治疗手段，治疗儿童的行为问题或者情绪问题。

(4)游戏有助于学前儿童身体锻炼和成长。它有助于儿童身体的成长。在童年的游戏中，有大量的运动性游戏，也是儿童十分感兴趣的游戏形式。

五、活动设计题

16.【答案】 活动名称：嫩芽长出来

活动目标：

1. 根据音乐想象嫩芽初绽和生成新叶的情状。

2. 结合音乐感受和想象，并用肢体动作大胆表现。

活动准备：钢琴

活动过程：

一、嫩芽怎样长

师：春天来了，树枝上的嫩芽长出来了，你们知道嫩芽是怎么长出来的吗？它是怎样长成绿叶的呢？（启发幼儿把自己想象成一个芽苞苞，用动作表现发芽的过程）

教师以肢体动作和充满活力的神情，引导幼儿表现嫩芽长出来的过程。

二、听教师弹奏一遍音乐

1. 告诉幼儿这段是表现嫩芽长出来的音乐。

我们再仔细听一遍音乐，想一想芽苞苞是怎样长成嫩芽又长成了一片新叶子的呢？

2. 听了音乐，我们想象：看见芽苞苞长出来，一点一点长成了嫩芽。

全真模拟试卷(六)

一、单项选择题

1.【答案】 D

【解析】 一般来说，儿童心理发展的年龄特征具有一定的稳定性。百年前和几十年前儿童心理学研究所揭示的幼儿心理年龄特征的基本点，至今仍然适用于当代儿童。例如，思维的具体形象性、爱活动、爱游戏这些特征本质上没有变。

2.【答案】 A

【解析】 本题考查的是考生对依恋概念的熟记程度。依恋是指婴儿寻求并企图与另一个人保持亲密的身体和情感联系的倾向。

3.【答案】 C

【解析】 发展包括身体和心理两个方面，二者必须协调发展。幼儿教育也必须要保证幼儿各方面的和谐发展，将全面促进幼儿素质和谐发展作为其中心任务。

4.【答案】 B

【解析】 "玉不琢，不成器"，这句话是一种比喻，比喻教育对人发展的作用。

5.【答案】 C

【解析】 "保教结合"是学前教育工作的特殊要求，它是根据学前儿童的身心发展特点而提出的。

6.【答案】 C

【解析】 题干所说的意思是人在刚出生时，本性都是善良的，性情也很相近，但是随着各自的生存环境的变化和影响，每个人的性情就产生了差异。

7.【答案】 C

【解析】 儿童在图书区活动的时候，教师应该给予一定的指导，如培养儿童的阅读兴趣等。

8.【答案】 C

【解析】 幼儿在角色游戏中，教师需要让幼儿在愉快的情绪下结束游戏，同时对第二天的游戏保持积极愉快的期待，结束游戏的时机应该是幼儿情绪尚未低落前，再玩就会进入倦怠的时候。一般情况下，教师可以用游戏中的情节或线索结束游戏，避免生硬地结束。

9.【答案】 A

【解析】 略。

10.【答案】 D

【解析】 略。

二、简答题

11.【答案】 夏季天气过于炎热,太阳长时间照射幼儿头部,可致幼儿中暑,出现头晕、耳鸣、眼花、口渴,甚至昏迷等症状。儿童中暑的处理办法如下:

第一,将幼儿移至阴凉、通风处,解开其衣扣,让其躺下休息。

第二,用凉毛巾冷敷头部,用电扇或扇子扇风,助其散热。

第三,给幼儿服用人丹、十滴水。

第四,给幼儿喝一些清凉解暑的饮料。

12.【答案】 影响幼儿园内环境质量的重要因素,包括物质因素和精神因素。(1)物质因素。物质环境是幼儿园环境的重要组成部分,与幼儿园教育的关系十分密切,会对幼儿园环境质量产生重要影响。教师应结合幼儿园的各级教育目标,科学合理地选择材料与安排空间,满足幼儿活动的需要。(2)精神因素。精神环境是幼儿园环境的重要组成部分,与幼儿园教育的关系十分密切。在影响幼儿园环境质量的各种精神因素中,人的因素、幼儿园文化的作用是十分巨大的。①人的因素。在人的因素中,幼儿教师是幼儿园中对幼儿发展影响最大的因素。在一定的物质条件具备后,教师的观念和行为是影响幼儿园环境质量的决定因素。②幼儿园文化。相对于人与物等可见的因素而言,幼儿园文化比较抽象,但对幼儿园环境质量的影响却是巨大的。

三、论述题

13.【答案】 训练幼儿的思维,幼儿教师应从以下几方面入手:(1)动手能力的培养。幼儿的思维是具体形象性占主导地位的思维,对事物的直接操作和直观认识,有助于幼儿思维的发展。教师应让幼儿积极参与教育环境的创设,多为幼儿准备可操作的材料,理解、支持幼儿的探索行为。

(2)鼓励幼儿多想多问。从三四岁开始,幼儿会经常问"是什么""为什么"的问题,好奇、爱问是幼儿思维活动的具体表现。教师要为幼儿的思维活动创造宽松的氛围,对他们的提问给予积极的回应。

(3)根据幼儿思维过程的特点对幼儿思维进行培养。根据幼儿思维具体形象的特点进行教育,需要教师多采用直观、形象的方法,尽量避免抽象、空洞的说教。

四、材料分析题

14.【答案】 情绪是人对客观事物与人的需要之间的关系反映,或者说,是人对客观事物是否符合人的需要而产生的体验。随着幼儿需要的不断增长、知识经验的丰富和自制力的增强,幼儿的情绪发展逐渐呈现以下趋势。

(1)情绪的丰富和深刻化。幼儿情绪的丰富化主要表现在情绪体验继续分化和引起体验的动因不断增多;情绪的深刻化则表现为情绪从指向事物的表面想象转化为指向事物的内在特征。

(2)情绪的稳定性逐渐提高。幼儿的情绪常带有明显的情境性,很容易随着外界情境的变化而变化。随着幼儿年龄的增长,特别是幼儿脑的发育和言语的发展,幼儿情绪的稳定性逐渐提高。

(3)情绪不断社会化。幼儿最初的情绪主要是与生理需要相联系的。幼儿情绪的发展,对其以后身心的健康成长具有极大影响,我们应十分重视幼儿早期良好情绪的培养。

幼儿良好情绪的培养可以采取以下策略。

(1)合理的生活制度、丰富的生活内容,能让幼儿处于愉快的情绪之中。依据幼儿身心特点制定合理的生活制度并为幼儿安排丰富多彩的活动,不仅有利于幼儿身体健康和良好行为习惯的形成,也有助于幼儿情绪的稳定。

(2)和谐的家庭生活、良好的情绪示范和教养态度对幼儿良好情绪的发展作用极大。幼儿的生活仍以家庭为中心,所以愉快、和谐的家庭生活以及亲情的给予对其情绪发展影响极大。

(3)通过文学艺术作品培养幼儿高级情感。文学艺术作品最富有感染力,也为幼儿所喜爱,选择适合幼儿年龄特征的儿童文学艺术作品,在培养幼儿的高级社会情感方面容易见效。

(4)帮助幼儿克服不良情绪。幼儿家长和教师应善于利用各种方法,帮助幼儿克服各种不良情绪。

15.【答案】 4岁左右,幼儿开始出现内部言语,最初内部言语的形式是出声的自言自语。幼儿的自言自语具有从外部言语向内部言语过渡的性质,既具有外部言语的功能,也具有内部言语的功能。幼儿的自言自语有两种形式:游戏言语和问题言语。游戏言语比较完整、详细,有丰富的表现力,是幼儿游戏动作的补充;问题言语比较零碎、简单,常常在困难情境中出现,表现为困惑、怀疑、惊奇等。成人应正确对待,帮助其发展为真正的内部言语。

五、活动设计题

16.【答案】 活动名称:花儿真美丽

活动目标:

1. 进一步感受花的形状、色彩、气味等;

2. 用较恰当的语汇描述花的特征。

活动准备:选择离幼儿园近的地方。

活动过程:

一、明确观察任务

1. 交代到公园的任务。

2. 观察春天的花。(提醒幼儿注意安全)

二、感知花的特点

1. 幼儿自由结伴或在教师的带领下观察公园的花。

2. 引导幼儿运用看看、闻闻等方法近距离地观察花。

3. 启发幼儿用恰当的词语描述花的颜色、形状等。

4. 春天的花五颜六色,非常好看。有的花已经盛开了,有的还是小小的花苞,还有的正在开放。花儿不仅有好看的颜色,还有好闻的香味。

三、拾花瓣

1. 观察飘落下来的花瓣。

2. 花瓣落下来什么样子?许多花瓣落下来像什么呢?

活动延伸:请幼儿回家后和爸爸妈妈讨论有哪些花是在夏天开的。

全真模拟试卷(七)

一、单项选择题

1.【答案】 D

【解析】 幼儿脱臼千万不可自己帮孩子把关节复位,以免造成不必要的伤害。

2.【答案】 B

【解析】 南方多雨,多湖泊河流,所以南方人善于游泳,而北方地广,干燥,所以北方人善于骑马,这句话说的是自然环境对人的影响。

3.【答案】 C

【解析】 陶行知在南京郊区创立了中国第一所乡村幼稚园——南京燕子矶幼稚园。

4.【答案】 A

【解析】 动作发展的近远规律:儿童的动作发展先从靠近中央部分(头和躯干,即脊椎)动作发展,然后才发展边缘部分(臂、手、腿)的动作。

5.【答案】 A

【解析】 民主型亲子关系指父母善于与孩子交流,支持孩子的正当要求,尊重孩子的需要,积极支持子女的爱好、兴趣;同时对孩子有一定的控制,常对孩子提出明确而又合理的要求。

6.【答案】 B

【解析】 我们为幼儿创设的活动区,不仅是作为孩子闲暇时的一个休闲场所,而是要成为教育目标和培养孩子发展的一个教育途径,那么我们在创设活动区时,就要考虑幼儿需要,而且还要切合幼儿园实际。必须要遵循教育性原则、整体性原则和共同发展性原则等教育原则。

7.【答案】 A

【解析】 在幼儿心理健康发展和健康人格的形成中,教师起着十分重要的作用。一方面,幼儿容易受到外界的影响,特别是与其朝夕相处的教育者的影响,因此教师必须保持健康的心理状态,对幼儿起到积极引导的作用;另一方面,教师要用时刻关注幼儿的心理状态,当幼儿心理出现不平衡时,积极引导幼儿疏散心理上的不积极状态。

8.【答案】 C

【解析】 幼儿游戏自主性的含义是:第一,由情感冲动引起的,是"我要玩";第二,需要与本能直接相连,体现幼儿的直接需要;第三,游戏过程绝对自控,不服从外部的要求。

9.【答案】 A

【解析】 表演游戏是指通过扮演文艺作品中的角色,再现文艺作品内容的游戏。表演游戏的各类包括幼儿表演、桌面表演、影子戏、木偶戏等。

10.【答案】 C

【解析】 幼儿德育的目标主要是萌发其爱家乡、爱祖国、爱集体等的情感,培养诚实、自信、勇敢、讲礼貌等良好的品德、行为和习惯,以及活泼开朗的性格。这就要求德育内容要包括发展幼儿的社会性和个性两个方面。

二、简答题

11.【答案】 幼儿园健康教育的总目标:

(1)身体健康,在集体生活中情绪安定、愉快;

(2)生活、卫生习惯良好,有基本的生活自理能力;

(3)知道必要的安全保障常识,学习保护自己;

(4)喜欢参加体育活动,动作协调、灵活。

12.【答案】 幼儿园环境创设的原则:

(1)环境与教育目标的一致性原则;

(2)发展适宜性原则;

(3)幼儿参与性原则;

(4)开放性原则;

(5)经济性原则;

(6)案例性原则。

三、论述题

13.【答案】 幼儿教育的一般原则是所有形态的幼儿教育都必须遵守的原则,主要包括以下几点。

(1)尊重儿童的人格尊严和合法权益的原则。

①尊重儿童的人格尊严。幼儿与教师之间的关系是平等的人与人之间的关系。教师要将儿童作为具有独立人格的人来对待,尊重他们的思想感情、兴趣、爱好、要求和愿望等。②保障儿童的合法权利。儿童是不同于成人的正在发展中的社会成员,他们享有不同于成人的许多特殊的权利,如生存权、受教育权、受抚养权、发展权等,这反映了人类对儿童在社会中的地位和权利的认可与尊重。但是,学前儿童毕竟是稚嫩、弱小的个体,他们对自己权利的行使还必须通过成人的教育和保护才能实现。家庭、学前教育机构、社会应当保障未成年人的合法权益不受侵犯。

(2)促进儿童全面发展的原则。

促进儿童全面发展的原则指的是教师在制订教育计划、设计教育活动时应当注意以下方面。

①儿童的发展是整体的发展而不是片面的发展。教育必须促进儿童体、智、德、美诸方面全面发展,不能偏废任何一个方面。单项再突出也不能说明一个完整的人性。②儿童的发展应是协调的发展。协调发展包括几个方面:第一,儿童身体的各个器官、各系统机能的协调发展;第二,儿童各种心理机能,包括认知、情感、性格、社会性、语言等协调发展;第三,儿童的生理和心理协调发展;第四,儿童个体的需要与社会的需求之间的协调。③儿童的发展是有个性的发展。教育除使每个儿童达到国家统一要求的标准之外,还允许根据每个儿童的特点和可能性,充分发挥他们各自的潜能,让不同的儿童在不同的方面能够

密 封 线 内 不 要 答 题

密　封　线　内　不　要　答　题

实现自己的有特色的发展,而不是"千人一面"。

(3)面向全体,重视个别差异的原则。

在教育过程中,教育者在关注全体受教育对象的同时,还应重视儿童的个别差异,因材施教,有针对性地采取最有效、最合理的方式促进每个儿童的发展。

①教育要促进每个儿童的发展。教育必须面向每个儿童,使每个儿童都能达到教育目标的要求。教师不能只照顾优秀的学生,必须平等地、一视同仁地对待所有的儿童。②教育要促进每个儿童在原有基础上的发展。由于每个儿童的需要、兴趣、性格、能力、学习方式等各有不同的特点,因此,教师必须考虑每个儿童的特殊需要,因人而异地进行教育,使每个儿童都能发挥优点和特长,在自己原有的水平上得到应有的发展。③多种组织形式促进儿童的发展。集体活动是我国教育机构目前进行教育的主要组织形式,而小组活动、个别活动相对较少,这样不利于充分满足不同儿童的不同需要。教师应注意在教育中灵活地使用集体、小组、个别的教育组织形式。

(4)充分利用儿童、家庭、社会的教育资源的原则。

教育必须认识到儿童自身、儿童群体以及家庭、社会都是宝贵的教育资源,要充分发挥它们的教育作用。

四、材料分析题

14.【答案】 (1)我国幼儿园教育的目标是"对幼儿实施体、智、德、美等方面全面发展的教育,促进其身心和谐发展"。这一目标是确定幼儿园教育任务、评估幼儿园教育质量的根本依据,国家通过这一目标对全国幼儿园教育进行领导和调控。

(2)幼儿园教育目标是根据教育目的并结合幼儿园教育的性质和特点提出来的。我国幼儿园教育的目标是培养全面发展的幼儿,它体现了我国教育目的的基本精神,并兼顾幼儿园教育的性质和特点。幼儿园教育目标的提法又与学校教育目标略有不同,如把"体"放到了第一位,这是因为,在幼儿阶段,身体的正常发育和机能的健全发展较以后各年龄阶段更为重要。

(3)教育从根本上说就是培养人,所以教育目标是否合理,除了符合社会要求之外,还要看是否符合教育对象的身心发展规律。幼儿的发展是有一定年龄特征和规律的,是一个按照一定顺序、不断地从低级到高级发展的过程,教育目标如果不符合幼儿发展的规律,不符合幼儿个体的发展需要和可能性,就不可能变成现实。因此,教育目标的制定必须适应幼儿身心发展的年龄特征。

(4)一味地追求某个方面发展,忽视幼儿的全面发展,可能严重损伤儿童生长发育的自然进程,损伤儿童潜能发育,造成儿童期、青少年期乃至成人期体力、心智、能力、性格和气质发展迟缓。

15.【答案】 平平体验了坐车的情绪以及相关交往体验,也观察了汽车的特点,有助于动作技能、语言、智力(感知能力)、自控能力等方面的发展。(1)平平在游戏时伴随着愉快的情绪,有利于孩子身心的健康发展。(2)平平直接接触了玩具,通过不断的移动、触摸、聆听、观察等运动,增进了对物体的性质、物体间的联系等知识的认识,有助于其动作技能的发展和感知能力的发展。(3)幼儿一边玩一边自言自语,这种语言是幼儿在游戏过程中思维和想象的外化。平平在喃喃自语时,既促使他进行丰富的想象,又练习了发音,训练了表达能力,丰富了词汇,从而促进了其语言能力的发展。

五、活动设计题

16.【答案】 活动名称:我爱幼儿园

活动目标:培养幼儿爱幼儿园、爱老师的情感和适应集体生活的能力。

活动准备:

(1)"诗歌:幼儿园像我家"的录音带;

(2)预先定好参观路线。

活动过程:

(1)以诗歌引出主题。幼儿听诗歌录音带,引导幼儿说说诗歌里说了什么。

(2)观察和讨论。让全班幼儿讨论幼儿园哪些方面像家,并且通过观察比一比,幼儿园的哪些地方与家里不一样,鼓励幼儿自由发言。

(3)寻找及参观活动。带领幼儿找一找幼儿园做饭的地方在哪里,找一找睡觉的地方在哪里,跳舞的地方在哪里,做游戏的地方在哪里,等等。

活动延伸:请幼儿回家为爸爸妈妈讲一讲幼儿园里的新鲜事。

全真模拟试卷(八)

一、单项选择题

1.【答案】 B

【解析】 社区文化对幼儿园教育具有重要的意义。它无形地影响着幼儿园的教育,优秀的社区文化更是幼儿园教育的宝贵资源。

2.【答案】 A

【解析】 略。

3.【答案】 D

【解析】 游戏的核心是内容。

4.【答案】 C

【解析】 本题考查的是幼儿一日生活作息制度的户外活动的安排。《幼儿园工作规程》规定,幼儿园每日户外活动时间不得少于2小时,寄宿制幼儿园不得少于3小时。

5.【答案】 B

【解析】 本题考查营养常识,维生素C(抗坏血酸)是胶原蛋白形成所必需的,严重缺乏可引起坏血病。

6.【答案】 C

【解析】 在幼儿园内,有幼儿自发的游戏活动,有幼儿的一日常规活动,这些活动所占的幼儿在园时间远远高于教师设计和组织的教育教学活动。

7.【答案】 C

【解析】 "婴儿听到母亲叫'宝宝'",体现了听觉;"就会去找妈妈"与视觉有关。

8.【答案】 D

【解析】 本题考查的是幼儿园语言能力的发展。语言能力是在运用的过程中发展起来的。

9.【答案】 D

【解析】 教师在艺术教育中的作用主要在于激发幼儿感受美、表现美的情趣,丰富他们的审美体验,使之体验自由表达和创造的快乐。

10.【答案】 A

【解析】 略。

二、简答题

11.【答案】 学前儿童学习品质评价的内容:

(1)学前儿童学习兴趣与好奇心的评价;

(2)学前儿童学习主动性的评价;

(3)学前儿童坚持和专注的评价;

(4)学前儿童想象与创造的评价;

(5)学前儿童反思与解释的评价。

12.【答案】 幼儿游戏的类型:

(1)创造性游戏的类型有角色游戏、结构游戏、表演游戏;

(2)规则性游戏的类型有智力游戏、音乐游戏、体育游戏。

三、论述题

13.【答案】 关于教师反思的方法,布鲁巴奇等人在1994年提出了以下四种:

(1)反思日记。在一天教学工作结束后,要求教师写下自己的经验,并与其指导教师共同分析。

(2)详细描述。教师相互观摩彼此的教学,详细描述他们所看到的情景,教师们对此进行讨论分析。

(3)交流讨论。来自不同学校的教师聚集在一起,首先提出课堂上发生的问题,然后共同讨论解决的办法,最后得到的方案为所有教师所共享。

(4)行动研究。为弄明白课堂上遇到的问题的实质,探索用以改进教学的行动方案,教师以及研究者要进行调查和实验研究。

四、材料分析题

14.【答案】 (1)根据《学前心理学》,我们先来看一下幼儿理解发展的总体特点。

幼儿的理解主要是直接理解,幼儿期逐渐出现间接理解。幼儿对事物的理解有以下发展趋势:

①从个别事物的理解发展到对事物关系的理解;

②从主要依靠具体形象来理解发展到开始依靠词的说明来理解;

③从对事物的比较简单的、表面的理解发展到对事物的比较复杂的、深刻的理解;

④从理解与情感密切联系,发展到比较客观的理解;

⑤从不理解事物的相对关系,发展到逐渐能理解事物的相对关系。

(2)通过这个案例,可以看出以下几点:

①幼儿在听完老师所说的问题后,立即哭了起来,说明他对于小白兔被大灰狼叼走感到非常难过,这体现了幼儿的理解与情感密切联系。也就是说,幼儿对事物的理解带有强烈的感情色彩,而不是从客观的问题出发。

②从材料可以看到,幼儿对这个问题的理解更多地停留在表面,而并没有把这个问题转化成一个比较抽象的数学运算过程。

15.【答案】 幼儿园活动区创设在幼儿教育过程中的意义表现为以下几点:(1)可以作为正式学习的延伸并丰富教育活动。在上完课或集中教育活动之后,幼儿在活动区内可以通过相应材料的操作来复习、巩固与应用学过的知识和技能。更重要的是,幼儿身心和谐发展的目标内容丰富,有些能通过上课等正式学习来实现,而有些则要通过游戏、自由活动等非正式学习来实现,如培养交往能力、独立自主性等。从教育者的角度来看,活动区是实现教育目标的重要途径。(2)有利于幼儿个体充分发展。在活动区内,幼儿可以根据自己的兴趣、爱好、特长及能力、水平自选活动,轻松自主,没有心理压力,不受局限,获得充分的活动机会,任思维和想象自由驰骋,并体验成功及活动过程的愉快,增进交往,发展社会性和健康人格。(3)有利于教师因材施教。教师既可以在孩子自选活动中给予具体的个别指导(如指导正在搭积木的孩子展开想象的翅膀),又可以利用活动区进行有目的、有计划的小组或个别教育(如在音乐区进行分组教学、练习某种节奏等)。许多地方活动区既是教学活动场所、幼儿自选活动场所,又是教师个别教育的场所,一区多用,发挥了综合的教育功能。(4)有利于提高幼儿自由活动的效率,规范幼儿的行为。丰富多彩的活动区活动能有效地避免幼儿以往自由活动时出现的无所事事、无聊乏味地浪费时间,甚至追逐打闹或出现破坏性行为等种种不良现象。

五、活动设计题

16.【答案】 活动名称:花环舞

活动目标:

1. 能较合拍地小碎步行进以及与同伴拍手。

2. 模仿花朵轻盈的舞姿,根据手势变换队形。

活动准备:

幼儿已熟悉乐曲、做过小碎步的动作,花环若干,以及相关音乐磁带。

活动过程:

一、走走小碎步

小花瓣们在一起跳舞,会是什么样的?

我们听着音乐,像小花瓣那样轻轻地跳、快乐地跳。

幼儿听音乐原地走小碎步。

二、学习基本动作

小花瓣们一起快乐地跳,跳成了一个大花环。

教师放慢速度,示范基本动作。

三、跳跳花环舞

我们围成一个大圆圈,就像一个大花环。我们要听着音乐快乐地跳,沿着圆心跳,跳出不同样子的花环。

教师哼唱乐曲,带领幼儿学跳。

跟随音乐,幼儿完成舞蹈。教师进行必要的语言提示,使幼儿的动作跟上音乐的节奏。

密封线内不要答题

四、材料分析题

14.【答案】 (1) 中班幼儿由于道德感发展、希望引起教师关注、语言发展不完善、独立解决问题的能力较差等原因,导致经常出现“告状”行为。①道德感是幼儿评价自己或其他幼儿的行为是否符合社会道德行为标准时所产生的内心体验,幼儿“告状”行为最主要的原因即中班幼儿道德感发展,具体原因分析如下:中班幼儿已经能够比较明显地掌握一些概括化的道德标准,中班幼儿会因为自己在活动中遵守老师的要求而产生快乐。此阶段幼儿关心自己的行为是否符合道德标准,同时也开始关注其他幼儿的行为是否符合道德标准,并由此产生相应的情感。当幼儿认为同伴的行为不符合道德标准时,即会出现材料中所述的“告状” 行为。②中班幼儿爱告状也有可能是为了引起教师的关注,吸引教师的注意力。在幼儿园里,幼儿向教师传达信息的渠道,一般都是通过“告状”,从而在“告状”中引起老师的注意,表达他们的想法,或间接或直接地达到想要的某种结果。③中班幼儿的年龄在4~5岁,此时他们的思维具有自我中心化的特点,在考虑问题时总是先考虑自己的感受,维护自己的利益,不能理解别人的心情,遇到事情不能通过清楚地表达自己的想法、友好地和同伴讲话来解决他们之间的矛盾,而往往通过“告状”来解决问题。

(2)大班幼儿“告状”行为减少,原因有如下几方面:①大班幼儿的道德感有了进一步发展和复杂化。他们对好与坏、好人与坏人有鲜明的感情差异。在这个年龄,爱小朋友、爱集体等情感,已经有了一定的稳定性。所以相比小、中班幼儿,大班幼儿的“告状”行为有所减少。②大班幼儿的羞愧感或内疚感也开始发展起来,特别是愧疚感从幼儿中期开始明显发展,幼儿对自己出现的错误行为会感到羞愧,致使“告状”的行为有所减少。③大班幼儿的独立性有所发展,不再单纯地依赖老师去解决问题,而是能够和同伴相互协商进行问题的解决。综上所述,教师可以通过游戏和日常生活培养幼儿对是非的判断能力和评价能力,提高幼儿独立处理问题的能力,使他们的独立性不断增强,减少幼儿的违纪行为,各种“告状”行为自然而然就减少了。

15.【答案】 (1) 材料中郭老师不应提供面包车绘画步骤图。《3~6岁儿童学习与发展指南》中指出:幼儿绘画能力的主旨在于审美能力、创造能力的提升。在幼儿进行绘画时,不宜提供范画,特别不应要求幼儿完全按照范画来画,这样会扼杀幼儿的想象力、创造力和表现力。不利于拓展幼儿的绘画想象空间,同时也不利于活动的趣味性开展和启发性引导。故不应提供绘画步骤图。

(2)教育建议:应遵循《3~6岁儿童学习与发展指南》《幼儿园教育指导纲要(试行)》等相关要求,做到以下几点:①在绘画前使幼儿回归生活,鼓励幼儿在生活中细心观察、体验,为艺术活动积累经验与素材。如观察面包车的形态、类型等。②在绘画过程中亦可进行作品欣赏,让幼儿主动寻找创作方式,同时提供丰富的形象材料,如图书、照片、绘画或音乐作品等,让幼儿自主选择,用自己喜欢的方式去模仿或创作,成人不做过多要求。③根据幼儿的生活经验,与幼儿共同确定艺术表现的主题,引导幼儿围绕主题展开想象,进行艺术表现。④创作后肯定幼儿作品优点,用表达自己感受的方式引导其提高。幼儿间互动式的模仿及学习也是提高创作能力的隐含方式。如“你的画用了这么多红颜色,感觉就像过年一样喜庆”“你的小汽车有四个轱辘,真神奇”等。总之,幼儿艺术领域学习的关键在于充分创造条件和机会,使幼儿在大自然和社会文化生活中萌发对美的感受和体验,丰富其想象力和创造力,引导幼儿学会用心灵去感受和发现美,用自己的方式去表现和创造美。中班幼儿的绘画能力正处于象征期发展阶段,应尊重幼儿自发的表现和创造,从多角度引导幼儿进行艺术感受,并鼓励幼儿自由地进行艺术创造。

五、活动设计题

16.【答案】 大班主题活动:“春天”

活动总目标:

1. 认知目标:知道一年分为不同的季节,了解春天这一季节的典型特征。
2. 技能目标:积极参与活动,用自己喜欢的方式表达对春天的热爱。
3. 情感目标:感受春天的美,激发热爱大自然的情感。

子活动一:大班语言领域诗歌活动“春风”

一、活动目标

1. 认知目标:理解诗歌的内容及诗歌中表现出的春天的特征。

2. 技能目标:借助已有知识经验,利用诗歌句式对诗歌进行仿编。

3. 情感目标:积极参与学习诗歌的活动,感受诗歌中春天的美。

二、活动准备

经验准备:感受过温暖的春风,观察过春天的景象。

物质准备:跟春天有关的图片。

三、活动过程

(一)导入

儿歌导入,激发幼儿兴趣,吸引幼儿注意力。教师播放《春天在哪里》儿歌,引导幼儿说出儿歌中的季节——春天。教师总结:春天真是一个美丽的季节,五彩斑斓、鸟语花香。诗人把春天编进了一首诗歌里,我们一起来听一听。

(二)基本部分

1. 教师带有情感地朗读诗歌,帮助幼儿理解诗歌,感受诗歌的意境美。

(1)教师提问:现在是什么季节呢? 你是怎么知道的?

(2)请幼儿尝试说一说诗歌里听到的内容(柳树、燕子、青蛙等)。

2. 带领幼儿借助图片学习诗歌,整体欣赏诗歌内容,感受诗歌句式的特点。

(1)教师朗诵诗歌。在朗诵的同时,将图片按照诗歌的内容排列,指点图片上的景物,带领幼儿从头到尾阅读诗歌内容,感受诗歌的韵律和节奏。

(2)教师采用一边念诗歌一边表演的方式理解诗歌内容,引导儿童理解"吹绿""吹来""吹醒"等词。

(3)幼儿朗诵诗歌,初步学习按节奏朗读。

3. 欣赏诗歌,调动经验,尝试仿编诗歌内容。

(1)教师带领幼儿有感情地朗诵诗歌内容。

(2)引导幼儿说出春天的其他景物,并尝试用诗歌中的语言进行表达。例如,春风一吹,桃花儿开;吹蓝了天空,吹绿了草儿;吹化了冰块,吹来了鸟儿;吹得小朋友跳呀跳。

(三)结束部分

教师请小朋友分享自己喜欢的春天里其他的景物,激发热爱大自然的情感。

四、活动延伸

春风春风,脚步轻轻,把春天带到了我们身边,让我们去外面找一找春天吧。

子活动二:大班科学领域活动"认识春天的花"

活动目标:

1. 认知目标:了解春天不同花的种类和特征,知道春天是一个万物生长的季节。

2. 技能目标:有目的地进行观察,发现春天的美,认识春天的花,提升观察能力。

3. 情感目标:观察和感受春天天气和植物的关系,萌发对大自然植物的兴趣。

子活动三:大班绘画活动"春姑娘"

活动目标:

1. 认知目标:知道运用不同的绘画工具和材料表现春天的景物特征。

2. 技能目标:在观察春天的基础上,把自己想象中美丽的春姑娘的景象画下来。

3. 情感目标:积极动手绘画春天,体验绘画春天的乐趣。

2017 年下半年保教知识与能力(幼儿园)真题

(考试时间 120 分钟,满分为 150 分)

题　号	一	二	三	四	五	总　分
题　分	30	30	20	40	30	核分人
得　分						复查人

第一部分　选择题(30 分)

得　分	评卷人

一、单项选择题(本大题共 10 小题,每小题 3 分,共 30 分。在每小题列出的四个备选项中,只有一个符合题目要求,将其代码填写在题后的括号内。错选、多选或未选均无分)

1. 如果母亲能一贯具有敏感、接纳、合作、易接近等特征,其婴儿容易形成的依恋类型是　(　　)

A. 回避型依恋　　B. 安全型依恋

C. 反抗型依恋　　D. 紊乱型依恋

2. 教师对幼儿说:“不准乱跑、不准插嘴、不准争吵……”这样的话语所违背的教育原则是　(　　)

A. 正面教育　　B. 保教结合

C. 因材施教　　D. 动静交替

3. 下面几种新生儿的感觉中,发展相对最不成熟的是　(　　)

A. 视觉　　B. 听觉

C. 嗅觉　　D. 味觉

4. 当教师以“病人”身份进入小班“医院”时,有六位“小医生”同时上来询问病情,每个孩子都积极地为教师看病、打针,忙得不亦乐乎,结果教师一共被打了六针。对小班幼儿这种游戏行为最恰当的理解是　(　　)

A. 过于重视教师的身份　　B. 角色游戏呈现合作游戏的特点

C. 在游戏角色的定位中出现混乱　　D. 角色游戏呈现平行游戏的特点

5. 下列不属于幼儿园教师工作职责内容的是　(　　)

A. 观察了解幼儿,制订教育工作计划

B. 指导调配幼儿膳食，检查食品卫生

C. 创设良好的教育环境，合理组织教育内容

D. 经常与家长保持联系，共同完成教育任务

6. 研究儿童自我控制能力和行为的实验是 ( )

A. 陌生情境实验　　B. 点红实验

C. 延迟满足实验　　D. 三山实验

7. 小彤画了一个长了翅膀的妈妈，教师合理的应对方式是 ( )

A. 让小彤重新画，以使其作品更符合实际

B. 画一个妈妈的形象，让小彤照着画

C. 询问小彤画长翅膀妈妈的原因，接纳她的想法

D. 对小彤的作品不予评价

8. 对幼儿如厕，教师最合理的做法是 ( )

A. 允许幼儿按需自由如厕　　B. 要求排队如厕

C. 控制幼儿如厕次数　　D. 控制幼儿如厕的间隔时间

9. 一般情况下，幼儿能结合情境理解一些表示因果、假设等关系的相对复杂句子的年龄的是 ( )

A. 托班　　B. 小班

C. 中班　　D. 大班

10. 皮疹呈向心性分布(躯干多，面部、四肢较少，手掌、脚掌更少)的疾病是 ( )

A. 麻疹　　B. 水痘

C. 手足口病　　D. 猩红热

第二部分　非选择题(120 分)

得　分	评卷人

二、简答题(本大题共 2 小题，每小题 15 分，共 30 分)

11. 简述移情对儿童亲社会行为发展的影响。12. 为什么幼儿园教育内容要贴近幼儿的生活？

得　分	评卷人

三、论述题(本大题 1 小题,20 分)

13. 什么是幼儿园环境？为什么幼儿园教育中要强调创设良好的幼儿园环境？请联系实际说明。

得　分	评卷人

四、材料分析题(本大题共 2 小题,每小题 20 分,共 40 分)

14. 材料：

开学不久,小班王老师就发现,李虎小朋友经常说脏话。虽然老师多次批评,但他还是经常说,甚至影响其他幼儿也说脏话。

问题：

(1)请分析李虎及其他幼儿说脏话的可能原因。(10 分)

(2)王老师可以采取哪些有效的干预措施？(10 分)

15. 材料：

操场上新安装了一个投篮架(如图1)，幼儿经常在这里玩投篮游戏。一天，几个幼儿带着笔刷和水桶来到这里(如图2)，他们先是快乐地粉刷投篮架，之后开始往篮筐里灌水，有的从上面灌，有的在下面接，再灌、再接……相互配合，反反复复，忙得不亦乐乎。

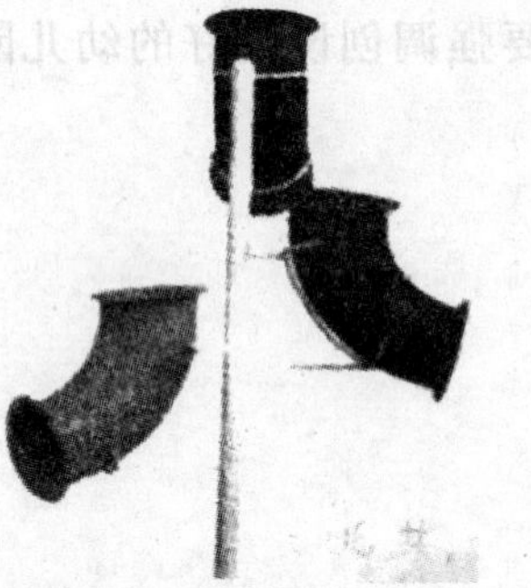

图1

图2

问题：教师是否应支持这些幼儿的行为？请说明理由。

得　分	评卷人

五、活动设计题(本大题1小题，30分)

16. 请围绕“有用的工具”为大班幼儿设计主题活动，应包含三个子活动。

要求：

(1)写出主题活动的总目标。(8分)

(2)写出一个子活动的具体活动方案，包含活动的名称、目标、准备和主要环节。(14分)

(3)写出另外两个子活动的名称、目标。(每个活动4分，共8分)

参考答案及解析

一、单项选择题

1.【答案】 B

【解析】 依恋可以分为三种类型,即回避型依恋、安全型依恋和反抗型依恋。其中安全型依恋是高质量的依恋。研究表明,照看态度对依恋形成有重要影响,母亲对儿童的敏感性是影响儿童依恋形成的关键因素,敏感的母亲对儿童是易接近的、接受的、合作的,这有助于婴儿形成安全型依恋。

2.【答案】 A

【解析】 在常规教育中,教师应多从正面引导幼儿,树立幼儿的自信心,对幼儿正确、良好的行为及时给予鼓励和肯定,久而久之使之巩固,以形成良好的习惯。

3.【答案】 A

【解析】 新生儿的视觉发展相对不够成熟,他们所看到的东西比较模糊,视神经和其他皮层细胞等传送信息的通路需要几年的发展才能达到成人水平。新生儿不仅能听见声音,还能区分声音的高低、强弱和持续时间。味觉是生来就有的,新生儿对不同的味觉刺激会有不同的反应。新生儿已能辨别不同的气味了,研究发现,出生仅 12 小时的新生儿对不同的嗅觉刺激会有不同的反应。

4.【答案】 D

【解析】 按照参与游戏的儿童之间的相互关系这一维度,可以将学前儿童游戏分为独自游戏、平行游戏、联合游戏和合作游戏。小班幼儿以独自游戏和平行游戏为主,游戏时彼此之间没有联系,各玩各的。合作游戏是幼儿晚期出现的较高级的游戏形式。题干中,小班"医院"的六位"小医生"都积极为教师看病、打针,虽然相互能意识到彼此的存在,但相互之间没有沟通、合作,这体现的正是平行游戏的特点。

5.【答案】 B

【解析】 《幼儿园工作规程》第四十一条规定,"幼儿园教师对本班工作全面负责,其主要职责如下:(一)观察了解幼儿,依据国家有关规定,结合本班幼儿的发展水平和兴趣需要,制订和执行教育工作计划,合理安排幼儿一日生活;(二)创设良好的教育环境,合理组织教育内容,提供丰富的玩具和游戏材料,开展适宜的教育活动;(三)严格执行幼儿园安全、卫生保健制度,指导并配合保育员管理本班幼儿生活,做好卫生保健工作;(四)与家长保持联系,了解幼儿家庭的教育环境,商讨符合幼儿特点的教育措施,相互配合共同完成教育任务;(五)参加业务学习和保育教育研究活动;(六)定期总结评估保教工作实效,接受园长的指导和检查"。

6.【答案】 C

【解析】 陌生情境实验是用来测验幼儿依恋类型的实验;点红实验是用来了解幼儿自我意识的实验;三山实验是皮亚杰设计的用以表明前运算思维的基本特征,是自我中心性的实验;延迟满足实验是发展心理学研究中的经典实验,这个实验用于分析孩子承受延迟满足的能力。所谓延迟满足,就是能够等待自己需要的东西的到来,而不是想到什么就要什么,延迟满足实验是为了研究儿童的自我控制能力。

7.【答案】 C

【解析】 幼儿的美术作品经常会出现很多夸张的事物,评价幼儿作品不能以"像不像"作为标准,而要看作品是不是具有创造性,A 项错误。幼儿绘画时,不宜提供范画,特别不应要求幼儿完全照着范画来画,B 项错误。教师应该肯定幼儿作品的优点,用表达自己感受的方式引导其提高,D 项错误。C 项的做法既尊重了幼儿的想法和意见,又保护了幼儿的想象力和创造力。

8.【答案】 A

【解析】 《幼儿园工作规程》规定,幼儿园应当培养幼儿良好的大小便习惯,不得限制幼儿便溺的次数、时间等,可以允许幼儿按需要自由如厕。

9.【答案】 D

【解析】 《3~6 岁儿童学习与发展指南》语言领域倾听与表达部分的目标 1"认真听并能听懂常用语言"中指出,"能结合情境理解一些表达因果、假设等相对复杂的句子"是 5~6 岁幼儿能达到的目标。

10.【答案】 B

【解析】 水痘病毒感染人体后,经过大约2周的潜伏期,患者可出现头痛、全身不适、发热、食欲下降等前期症状,继而出现有特征性的红色斑疹,后变为丘疹,再发展为水疱,常伴有瘙痒,1~2天后水疱开始干枯结痂,持续一周左右痂皮脱落。水痘的皮疹呈向心性分布,即躯干最多,头面部次之,四肢较少,手掌、足底更少。

二、简答题

11.【答案】 移情是指从他人的角度来考虑问题。许多研究发现,移情水平是亲社会行为的动力基础,移情是儿童亲社会行为产生的前提。移情对儿童亲社会行为发展的作用主要体现在以下两个方面。

(1)移情可以使儿童摆脱自我中心,产生利他思想,从而导致亲社会行为的产生。

(2)移情可以引起儿童的情感共鸣,让儿童产生同情心和羞耻感。幼儿从内心的愿望出发,产生减轻他人痛苦的动机,从而增加亲社会行为,降低攻击性行为。

12.【答案】 (1)幼儿在生活中积累了丰富的感性经验,贴近幼儿生活的教育内容对幼儿来说是容易理解和接受的。

(2)贴近幼儿生活经验的教育内容能满足幼儿的兴趣和需要。幼儿的注意以无意注意为主,有意注意逐渐发展。与幼儿的兴趣和需要有密切关系的刺激物是引起幼儿无意注意的重要原因。贴近幼儿生活的教育内容大多能满足幼儿的兴趣和需要,能吸引幼儿的注意力,激发幼儿学习的主动性和积极性,培养幼儿良好的学习习惯。

(3)贴近幼儿生活的教育内容可以让幼儿获得与生活相关的各种经验和能力,幼儿可以将这种经验和能力迁移到生活中,从而促进幼儿习惯、能力等方面的形成和发展。

三、论述题

13.【答案】 (1)广义的幼儿园环境是指幼儿园教育赖以进行的一切条件的总和,既包括幼儿园内部的小环境,又包括幼儿园外部的家庭、社会、自然、文化等大环境。狭义的幼儿园环境是指在幼儿园中,对幼儿身心发展产生影响的物质与精神要素的总和。它涵盖幼儿园的全体工作人员、幼儿、园舍建筑、设备设施、空间布局以及各种信息要素,并通过一定的教育制度与观念以及文化传统组织、综合的一种动态的、有形与无形相结合的教育空间范围。

(2)强调创设良好的幼儿园环境的原因。

①良好的幼儿园环境能给幼儿提供发展的保障,有利于幼儿适应幼儿园生活。在幼儿园里,丰富多样的设备和材料,能满足幼儿的多种需要,让幼儿在良好的物质环境中进行活动,获得积极愉快的情感体验,并在自由的探索中主动去发现周围世界的奥秘。此外,创设一个平等、接纳、尊重、温馨的心理环境也是至关重要的。教师用自己的爱心、耐心及宽容接纳每一个幼儿,可以帮助幼儿适应并喜欢幼儿园的集体生活,使其形成安全感和信任感,体验到幼儿园集体生活的乐趣。

②良好的幼儿园环境能够促进幼儿身心健康发展,有利于幼儿形成良好个性,适应社会生活。创设民主、和谐的幼儿园环境,有利于幼儿理解社会行为规范,形成分享、合作、同情、关心、援助等亲社会行为。

③良好的幼儿园环境能够激发幼儿的创造潜能。在良好的幼儿园环境中,教师能站在儿童的角度看待其思维和行为,始终以宽容之心来对待幼儿的各种行为和表现,公正、客观地对幼儿进行评价,使幼儿敢想、敢说、敢探索、敢创造。

四、材料分析题

14.【答案】 (1)李虎及其他幼儿说脏话的可能原因

①家庭的影响。李虎经常说脏话可能是因为家庭教养方式不当,以及父母不良的榜样作用。

②社会媒体的影响。李虎可能是受到电视、网络等媒体的影响,学习电视、网络等媒体中的某些人物说脏话。

③幼儿爱模仿的特点。小班幼儿的独立性差,爱模仿别人。看见别人玩什么,自己也玩什么;看见别人说脏话,自己也说脏话。

(2)教师可以采取的干预措施

①与李虎的家长沟通,了解李虎说脏话的原因,指导家长树立正确的教育观念和掌握科学的育儿方法,为幼儿的语言发展创造一个良好的家庭环境。

②开展"我是文明小标兵"的教学活动,教会幼儿表达愤怒情绪和处理矛盾的方法,引导幼儿使用文明礼貌用语。

③教师常常是幼儿模仿的对象,教师要规范自己的言行,为幼儿树立良好的榜样。
④利用替代性强化,表扬讲话文明礼貌的幼儿。
⑤利用代币制的方法矫正幼儿的不良行为。教师可以告诉幼儿当你不说脏话时,就可以获得一颗星星,当积攒够一定数量的星星后,就可以换一个自己喜欢的物品,以此来矫正幼儿说脏话的不良行为。

15.【答案】教师应该支持这些幼儿的行为。
理由:
(1)游戏是幼儿最喜爱的活动,是幼儿生活的主要内容。
幼儿在一日生活中,除了吃饭、睡觉等生活活动外,绝大多数时间都在游戏。即便是生活、劳动、学习等活动,幼儿也常常以游戏的形式来进行,或是将生活、学习、劳动过程变成游戏过程。因此,教师不应剥夺幼儿游戏的权利,当幼儿沉浸在游戏当中的时候,教师应该给予相应的鼓励和支持,帮助幼儿更好地游戏。
(2)游戏是幼儿对生长的适应,符合幼儿身心发展特点。
游戏能满足幼儿身心发展的需要,促进幼儿的发展。教师应鼓励、支持幼儿的游戏,让幼儿在游戏中满足其发展的需要,适应生长。
(3)游戏是幼儿的自发学习。
对幼儿来说,游戏不仅仅是一种消遣,它是幼儿主要的学习方式。幼儿在游戏中,通过与人、事、物的相互作用,建构起对自己、他人以及世界的认识和理解,从而获得自身认识、情感、社会性、个性等方面的发展。如在粉刷投篮架以及玩水的过程中,幼儿的身体、认知、情感、社会性等方面都得到了发展。因此,教师要珍视游戏和生活的独特价值,最大限度地满足幼儿游戏的需要。

五、活动设计题

16.【答案】 活动一:大班数学活动:认识正方体、长方体宝宝
【活动目标】
1. 认识正方体、长方体,并了解它们的主要特征。
2. 能够指出生活中哪些物体是正方体,哪些物体是长方体。
3. 喜欢几何形体图形,对数学探索活动感兴趣。
【活动准备】
1. 长方体、正方体形状的纸盒、纸箱若干。
2. 幼儿对于正方形、长方形有一定的了解。
【活动过程】
1. 情境创设,引出活动主题
教师向幼儿展示长方形、正方形宝宝,引导幼儿回忆它们各自有哪些特点,再呈现与它们相似,但又不同的正方体和长方体宝宝,请幼儿思考它们是谁?
2. 展示模型,动手探索
教师向幼儿展示纸盒和纸箱,请幼儿动手摸一摸,看一看,然后说一说它们是什么形状,并请幼儿说一说自己判断的标准是什么。
3. 总结梳理,正方体、长方体的特征
教师与幼儿一起比较、总结长方体宝宝和正方体宝宝的特征:按顺序数一数,长方体有六个面,它的每一个面一般都是长方形;正方体也有六个面,每个面都是正方形(用正方形和正方体的每个面重叠比较),它的六个面一样大。
4. 游戏巩固,问题拓展
教师把幼儿分成两个小组,分别向他们呈现生活中常见的纸箱、鞋盒、牙膏盒以及药品盒等,请幼儿相互配合,把它们放回到对应的"长方体"和"正方体"的大框里。看哪组小朋友找得又快又准。之后,教师引导幼儿说出生活中还见过哪些物体是长方体,哪些物体是正方体。
【活动延伸】
请幼儿去美工区制作正方体和长方体。
活动二:大班健康活动:运纸盒
【活动目标】
1. 知道废旧纸盒可以拿来做游戏,有更好地利用。
2. 探索纸盒的多种玩法,练习爬、钻、跳等动作。
3. 感受纸盒游戏的乐趣,体验互助合作的喜悦。

【活动准备】
纸盒若干、平整的场地、拱形门、绳子、泡沫垫。
【活动过程】
1. 律动热身,趣味导入
教师带领幼儿一起伴随音乐做律动:请出你的小头点一点,请出你的小手拍一拍,请出你的小腰弯一弯,请出你的小腿蹲一蹲,请出你的小脚跳一跳,请出你的小手放放好。
2. 创设故事情境,讨论猜想盒子游戏的玩法
教师向幼儿讲述故事:森林里的小动物遗失了很多鞋子,需要小朋友们为动物宝宝送回去。但小动物的家在树林里,要想帮小动物的忙有很多的困难,我们要钻过山洞(拱形门),跳过小河(绳子),爬过草地(泡沫垫)才能到小动物的家。请幼儿思考讨论如何顺利克服这些困难。
3. 初步尝试游戏,不断探索
教师提问,引导幼儿探索游戏玩法,了解游戏规则。遇到山洞时,怎么过去?(示范提要求不能把山洞碰倒)遇到小河时,怎么过去?怎么跳呢?(要求要跳过去,不能掉到小河里)(幼儿跳的方式,可以是分开腿跳,也可以是双腿一起跳)遇到草地时,怎么过去?(告诉孩子不遵守游戏规则的人就不能帮小动物把鞋子运回家)并请幼儿携带大小不同的盒子进行尝试。
4. 游戏比赛,谁是动物的好朋友
教师把幼儿分成两个小组,并请幼儿思考在每个环节放一个幼儿进行游戏尝试,看哪一组小朋友按照游戏规则,又快又好地完成送鞋子的任务。他们就是动物的好朋友。
【活动延伸】
幼儿回家与爸爸妈妈一起玩运纸盒的游戏。
活动三:大班美术活动教案:纸盒、纸箱造型
【活动目标】
1. 知道即便是废旧物品,通过适当的改造也是可以变出漂亮的造型。
2. 愿意根据纸盒、纸箱的外形进行想象,大胆使用切割、连接、刷色等方法进行制作活动。
3. 体验动手改变纸盒的乐趣,愿意与同伴一同进行美术的探索活动。
【活动准备】
1. 各种大小不同的纸盒、纸箱,切割、刷色的工具(小刀、刷子等),辅助材料(铅丝、绳子、挂历纸等),各种颜料,积木,剪刀,以及糨糊,锥子,胶带等。(提醒幼儿注意安全)
2. 各种图片(建筑物、桥梁、大型玩具、家具、交通工具等)。
【活动过程】
1. 图片导入,引出活动
教师向幼儿展示纸盒的图片,请幼儿思考这些废旧的纸盒可以用来做什么?然后请幼儿自由分成5个小组,每个小组在图片中选一个喜欢的内容,并一起商量要制作的东西。
2. 教师与幼儿讨论制作的方法
教师:这些物品怎么做呢?要用哪些材料?如果需要两个纸箱,怎么连接?怎么样让你们制作的物品更加美观一点呢?
3. 教师幼儿讨论合作的方法
教师:我们应该怎么分工?(先讨论并确定做哪些物品,每个人负责做什么)如果在合作的时候遇到矛盾怎么办?
4. 幼儿制作,教师巡回指导
幼儿与同伴友好合作、协商。教师鼓励幼儿大胆使用辅助材料和工具。并请幼儿注意作品的整体美观。
5. 幼儿互相欣赏作品,交流感受
教师请幼儿以小组为单位讲述自己的创造意图,并进行适当的自评。在互相欣赏、交流中不断提升美术活动的动手乐趣。
【活动延伸】
请幼儿把自己的作品放到美工区做展览。

2017年上半年保教知识与能力(幼儿园)真题

(考试时间120分钟,满分为150分)

题　号	一	二	三	四	五	总　分
题　分	30	30	20	40	30	核分人
得　分						复查人

第一部分　选择题(30分)

得　分	评卷人

一、单项选择题(本大题共10小题,每小题3分,共30分。在每小题列出的四个备选项中,只有一个符合题目要求,将其代码填写在题后的括号内。错选、多选或未选均无分)

1. 活动重点不是发展幼儿的精细动作能力的是　(　　)

A. 扣纽扣　B. 使用剪刀

C. 双手接球　D. 系鞋带

2. 生活在不同环境中的同卵双胞胎的智商测试分数很接近,这说明　(　　)

A. 遗传和后天环境对儿童的影响是平行的　B. 后天环境对智商的影响较大

C. 遗传对智商的影响较大　D. 遗传和后天环境对智商的影响相当

3. 午餐时餐盘不小心掉到地上,看到这一幕的亮亮对老师说:“盘子受伤了,它难过得哭了。”这说明亮亮的思维特点是　(　　)

A. 自我中心　B. 泛灵论

C. 不可逆　D. 不守恒

4. 初入园的幼儿常常有哭闹、不安等不愉快的情绪,说明这些幼儿表现出了　(　　)

A. 回避型依恋　B. 抗拒性格

C. 分离焦虑　D. 黏液质气质

5. 桌面上一边摆了三块积木,另一边摆了四块积木。教师问:“一共有几块积木?”从幼儿的下列表现来看,数学能力发展水平最高的是　(　　)

A. 把前三块积木和后四块积木放在一起,然后一个一个点数

B. 看了一眼三块积木,说出“3”,暂停一下,接着数“4、5、6、7”

C. 左手伸出三根手指,右手伸出四根手指,然后掰手指数出总数

D. 幼儿先看了 3 块积木,后看了 4 块积木,暂停一下,说出 7 块

6. 对幼儿学习品质理解正确的是 （ ）

A. 活动过程中的态度和行为倾向　　B. 活动过程中的学习速度

C. 活动过程中的知识积累　　D. 活动过程中的道德品质

7. 幼儿园环境创设中,使用易于识别的生活行为规则标识图。其最主要的目的是 （ ）

A. 美化环境　　B. 便于幼儿看图说话

C. 便于幼儿认识各种符号　　D. 便于幼儿习得生活技能和行为准则

8. 教师引导幼儿擤鼻涕的正确方法是 （ ）

A. 把鼻涕吸进鼻腔　　B. 先捂一侧鼻孔,再轻擤另一侧

C. 同时捏住鼻翼两侧擤　　D. 用手背擦鼻涕

9. 下列最能体现幼儿平衡能力发展的活动是 （ ）

A. 跳远　　B. 跑步

C. 投掷　　D. 踩高跷

10. 对杜威"教育即生长"的正确理解是 （ ）

A. 教育以儿童的本能和能力为依据　　B. 儿童的生长以教育目标为依据

C. 教育以促进教师的专业成长为基础　　D. 教育应促进儿童的身体发育

第二部分 非选择题(120 分)

得 分	评卷人

二、简答题(本大题共 2 小题,每小题 15 分,共 30 分)

11. 简述教师观察幼儿行为的意义。

12. 作为幼儿教师,如何在保教活动中营造良好的心理氛围?

得　分	评卷人

三、论述题(本大题1小题,20分)

13. 论述如何在一日生活中实现社会领域的教育目标。

得　分	评卷人

四、材料分析题(本大题共2小题,每小题20分,共40分)

14. 材料:

莉莉和小娟玩游戏,她们想让5个娃娃睡觉,但是没有小床,于是她们找到木板做小床,莉莉说:“床不够。”小娟挑出2个留着长头发的娃娃说:“她们长大了,不需要睡午觉了。”莉莉说:“好的。”然后将3个需要睡觉的娃娃中最大的一个放在中等大小的盒子里。小娟试图把中等大小的娃娃放在最小的盒子里,但放不进去,于是莉莉说:“换一换。”然后将最小的娃娃放在了最小的盒子里,中等大的娃娃放在中等大的盒子里,最大的娃娃放在最大的盒子里。小娟说:“娃娃们,好好睡觉吧。”

问题:

(1)从学习与发展的角度,分析上述材料中莉莉和小娟的行为。(10分)

(2)这次游戏后,教师应当如何支持莉莉和小娟的学习与发展?(10分)

15. 材料:

教师为了帮助大班幼儿了解春天的季节特征,同时在其中渗透数学教育,专门制作了一套“春天”的拼图(如图1)。拼图底板是若干道10以内计算题,每一小块图形的正面是春天景色的一部分,背面是计算题的得数(如图2),教师希望幼儿根据计算题与得数的匹配找到拼图的相应位置。然而,材料投放后,教师却发现许多幼儿不用做计算题就能轻松完成拼图,也未对图片中的季节特征产生观察与探究的兴趣。

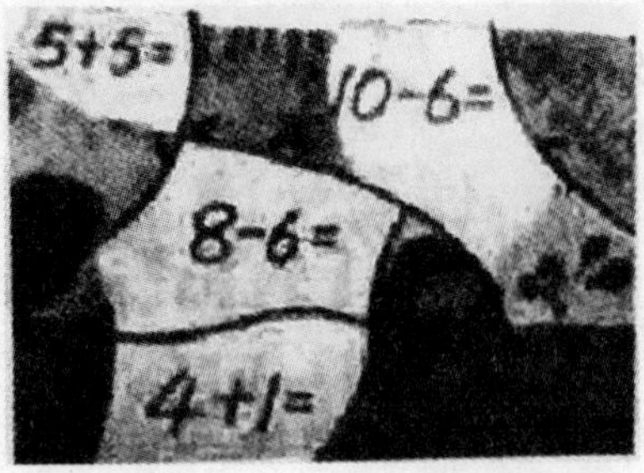

图1　尚未完成的拼图

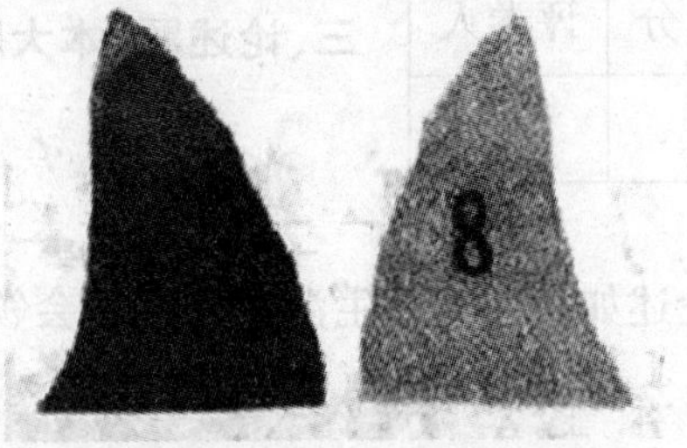

图2　其中一小块图形的正面与背面

问题：

(1)请从幼儿获得科学经验的角度，分析这一拼图材料的投放对达成教学目标是否适宜？(2分)为什么？(4分)

(2)该材料在设计上存在什么问题？请提出改进建议。(14分)

得　分	评卷人

五、活动设计题(本大题1小题，30分)

16. 请根据下列素材，设计一个大班幼儿能涉及多个领域的系列活动。

大班教室里收集了纸板箱、鞋盒、牙膏盒、药品盒等数量众多的盒子，这些大大小小的盒子吸引了幼儿，教师发现很多幼儿利用盒子自发产生了很多活动，涉及各个领域，于是，教师决定围绕纸箱、纸盒设计出系列活动来满足、推动幼儿的发展。

要求：写出3个活动的名称、目标、准备以及主要的活动环节。

参考答案及解析

一、单项选择题

1.【答案】 C

【解析】 精细动作能力是指个体主要凭借手以及手指等部位的小肌肉或小肌肉群，在感知觉、注意等多方面心理活动的配合下完成特定任务的能力。双手接球不仅仅有手的动作，还需要手臂甚至身体的动作，属于大肌肉动作。

2.【答案】 C

【解析】 同卵双胞胎的遗传因素是相同的，生活在不同的环境中说明其后天环境是不同的。因此，智商测试分数接近说明了遗传对智商的影响较大。

3.【答案】 B

【解析】 泛灵论是处于前运算阶段幼儿的心理特点，即幼儿认为自己身边的所有事物，都和自己一样是有生命的。亮亮认为盘子受伤会难过得哭泣正是体现了泛灵论的特点。

4.【答案】 C

【解析】 分离焦虑是指婴幼儿因与亲人分离而引起的焦虑、不安或不愉快的情绪反应。幼儿从家庭迈入幼儿园，环境的巨大改变容易引起幼儿的分离焦虑。

5.【答案】 D

【解析】 幼儿先看了下两组积木，暂停了一下，说出 7 块，说明幼儿能够用实物进行 10 以内的加减运算，可见幼儿已经形成了数的概念。A、B、C 三项中的幼儿能够手口一致地点数物体，然后说出物体总数，只能说明其掌握了数的实际意义，虽然这阶段幼儿已经具备了初步的计数能力，但还没有形成数的概念。

6.【答案】 A

【解析】 《3~6 岁儿童学习与发展指南》在"说明"部分强调，实施《3~6 岁儿童学习与发展指南》时应"重视幼儿的学习品质"，并明确指出，"幼儿在活动过程中表现出的积极态度和良好行为倾向是终身学习与发展所必需的宝贵品质"。

7.【答案】 D

【解析】 在幼儿园环境中使用易于幼儿识别的生活行为规则标识图的目的是便于幼儿习得生活技能和行为准则。

8.【答案】 B

【解析】 擤鼻涕的正确方法是轻轻捂住一侧的鼻孔，擤完，再擤另一侧。擤时不要太用力，不要把鼻孔全捂上使劲地擤。因为鼻腔里有一条条"暗道"与"邻里"相通，如鼻泪管与眼相通、耳咽管与中耳相通等。如果擤鼻涕时太用劲，就可能把鼻腔里的细菌挤到中耳、眼、鼻窦里，引起中耳炎、鼻泪管炎、鼻窦炎等疾病。

9.【答案】 D

【解析】 《3~6 岁儿童学习与发展指南》健康领域中明确指出，利用多种活动发展幼儿的身体平衡协调能力。例如，走平衡木，或沿着地面直线、田埂行走，玩跳房子、踢毽子、蒙眼走路、踩小高跷等游戏活动。

10.【答案】 A

【解析】 教育即生长，言简意赅地道出了教育的本义，就是要使每个人的天性和与生俱来的能力得到发展，强调教育要以儿童的本能和能力为依据。

二、简答题

11.【答案】 教师观察幼儿的行为是指教师有目的、有计划地观察幼儿在日常生活、游戏、学习和劳动中的表现，包括其言语、表情和行为，以分析儿童心理发展的规律和特征的活动。观察对教师了解幼儿、促进幼儿的发展有重要意义。

(1)幼儿的心理活动有突出的外显性，教师通过观察了解幼儿的发展水平、兴趣及需要，进而能够选择更适宜的教育内容和教育方法。

(2)观察使教师更容易抓住日常生活中的教育契机，使教师在合适的时机介入幼儿的活动中，进而提供有针对性的指导。

12.【答案】 (1)创设良好的物质环境

物质环境应该具有安全、舒适、卫生、实用等特点，环境布置应做到绿化、美化、净化、儿童化和教育化。幼儿只有在良好的物质环境中活动，才能产生积极向上的情感和愉快的情绪。

(2)创设宽容理解的环境

教师要真挚地关心幼儿，充分与幼儿进行沟通，尊重和理解幼儿的想法与感受，并让幼儿知道和理解教师的一些想法,让幼儿在教师的关心和爱护下健康快乐地成长。教师要站在儿童的角度看待其思维和行为,始终以宽容之心来对待幼儿的各种行为,公正、客观地对幼儿进行评价。要以正面激励为主,使幼儿敢想、敢说、敢探索、敢创造。

(3)建立良好的幼儿群体

教师初建班集体时,应坚持正面教育和集体教育相结合的教育态度,使幼儿个体的才能在集体中得到充分表现,逐渐使幼儿产生自信和归属感。教师应注意引导、鼓励和帮助幼儿参加各种活动,并随时肯定、表扬他们的积极性和良好表现,以促进幼儿身心健康发展。

(4)建立良好的人际关系

幼儿园具有良好的人际关系,可以使教师之间相互关爱、合作共事。幼儿在这样的人际关系里,能受到教师的尊重,获得自尊、自信,有利于其心理的健康发展。

(5)形成良好的幼儿园风气

良好的幼儿园风气要靠全体教职员工经过长期培养才能逐渐形成,一旦形成,则对全体成员具有潜移默化的影响。

三、论述题

13.【答案】 社会领域的教育具有潜移默化的特点,幼儿社会态度和社会情感的培养尤应渗透在多种活动和一日生活的各个环节之中,可以通过以下几个方面渗透社会教育:

(1)引导幼儿参加各种集体活动,体验与教师、同伴等共同生活的乐趣,帮助他们正确认识自己和他人,养成对他人和社会亲近、合作的态度,学习初步的人际交往技能。

(2)为每个幼儿提供表现自己长处和获得成功的机会,增强其自尊心和自信心。

(3)提供自由活动的机会,支持幼儿自主地选择、计划活动,鼓励他们通过多方面的努力解决问题,不轻易放弃克服困难的尝试。

(4)在共同生活和活动中,以多种方式引导幼儿认识、体验并理解基本的社会行为规则,学习自律和尊重他人。

(5)教育幼儿爱护玩具和其他物品,爱护公物和公共环境。

(6)与家庭、社区合作,引导幼儿了解自己的亲人以及与自己生活有关的各行各业人们的劳动,培养其对劳动者的热爱和对劳动成果的尊重。

(7)充分利用社会资源,引导幼儿实际感受祖国文化的丰富与优秀,感受家乡的变化和发展,激发幼儿爱家乡、爱祖国的情感。

(8)适当向幼儿介绍我国各民族和世界其他国家、民族的文化,使其感知人类文化的多样性和差异性,培养其理解、尊重、平等的态度。

四、材料分析题

14.【答案】 (1)首先,材料中莉莉和小娟的行为说明幼儿的学习是以直接经验为基础,在游戏和日常生活中进行的。她们在游戏中,能够通过摆弄、操作许多材料或工具,探究自己感兴趣的问题,从而获得经验,并促进思维的发展。材料中,小娟和莉莉由于材料不够从而产生了想象活动,并且在尝试给不同的娃娃找床的过程中能够想到解决问题的办法,在游戏中获取了直接经验。

另外,莉莉和小娟在角色游戏中不仅能够独立思考解决问题,并且愿意接受同伴的意见和建议,能与同伴分工合作,遇到困难能一起克服,说明她们的社会性正在不断发展,与同伴交往的能力逐渐增强。

(2)《3~6岁儿童学习与发展指南》中指出,"最大限度地支持和满足幼儿通过直接感知、实际操作和亲身体验获取经验的需要"。因此教师在幼儿的游戏活动中可以给幼儿提供丰富的材料和适宜的工具,支持幼儿在游戏的过程中大胆想象。

在游戏开展前,教师要为幼儿提供合适的场所以及丰富的游戏材料,丰富幼儿游戏的主题,激发幼儿游戏的愿望和兴趣。在游戏的过程中,及时观察儿童游戏的种种意图,为幼儿开展游戏提供必要的帮助,鼓励幼儿在游戏中的点滴创造,给予幼儿积极的评价,培养幼儿的自信心,调动幼儿游戏的积极性,引导儿童充分地讨论问题、分享经验,学会学习和创造,取长补短,开拓思维,不断提高游戏的水平。

15.【答案】 (1)材料中教师投入的拼图材料不适宜。

首先,大班幼儿能通过实物操作或其他方法进行10以内的加减运算,因此,让幼儿进行10以内的加减法的运算时,需要为幼儿提供可以进行操作的游戏材料,借助对具体实物的操作来感受数学的运算,而不能只是抽象的加减运算,这一学习方式不适合幼儿。

其次,拼图的设置太简单,低于大班幼儿的认知发展水平。许多幼儿可以利用拼图的形状本身快速进行拼图,因此,许多幼儿可以轻松完成,也未对图片中的季节特征产生观察与探究的兴趣。

(2)材料投放存在的问题:

①不具有操作性。对于幼儿来说,他们的思维方式以具体形象思维为主,能让幼儿去操作、去探索的材料才能激起幼儿的探索欲望和学习兴趣。

②不符合幼儿的发展水平。适宜的材料是指那些符合幼儿年龄特点,有利于幼儿主动游戏的材料。案例中的材料显然低于幼儿的发展水平,不符合幼儿的兴趣需要,无法促进幼儿的进一步发展。
③不具有整体性。幼儿的生活中有大量的事物来体现春天,而题干中教师所呈现的材料只是关于“春天的景致”,这表明围绕着课程主题给幼儿呈现的材料是局限的、不完整的。
④材料之间的衔接不足。教师通过投放一种材料使幼儿既能了解到春天的季节特征,同时还能渗透数学教育,符合《幼儿园教育指导纲要(试行)》中“各领域的内容要有机联系,相互渗透”的要求。但春天的拼图中一部分是春天景色,另一部分是计算题,两者之间并没有直观联系,只是形式上的整合而已。
改进建议:
①鉴于大班幼儿以具体形象思维为主的思维方式,教师需要为幼儿提供适合幼儿探索、操作的材料。
②投放材料时,要考虑到幼儿的发展水平,材料的难度要在幼儿的最近发展区内,能促进幼儿各方面的发展。
③在投放材料时,教师需要考虑幼儿的生活,从幼儿的生活出发、兴趣出发,为幼儿提供完整的材料。
④提供材料时,需要兼顾不同类型的活动,需要考虑活动之间的衔接与配合。

五、活动设计题

16.【答案】

大班健康活动:送纸盒

一、活动目标
1. 了解“送纸盒”游戏规则,知道头顶纸盒顺利通过平衡木的动作要领。
2. 能够运用爬、钻、跳等基本动作顺利通过各种障碍传送纸盒。
3. 喜欢与同伴共同合作,感受游戏的快乐。
二、活动准备
1. 物质准备:小纸盒若干;情景教具:平衡木、纸盒箱、泡沫垫若干。
2. 经验准备:幼儿有过钻、爬的经验。
三、活动过程
(一)开始部分
故事导入,引发幼儿参与活动的兴趣。
教师通过讲小熊运东西的故事,引出游戏主题,引导幼儿参与本次游戏活动。
师:森林里的小熊遇到了困难,想请小动物们帮忙。小熊要搬家,但缺少装东西的盒子,需要小朋友们帮忙送盒子,你们愿意帮助它吗?
(二)基本部分——活动展开
1. 教师示范头顶盒子过独木桥,幼儿学习。
(1)教师提出问题,引导幼儿讨论并探索如何运纸盒才能又快又安全。
(2)教师总结幼儿讨论的结果,找出一种最为合适的方法,并进行动作示范,幼儿观察。教师总结动作要领:带盒帽,手放平,眼看前,慢慢走。
注意事项:幼儿必须头顶纸盒行走,与前一个小朋友保持一定的距离,不要踩到前一个小朋友的脚。
2. 幼儿练习头顶纸盒过桥,教师指导。
(1)教师在前面进行镜面示范,幼儿跟随练习头顶纸盒过平衡木。
(2)幼儿练习,教师在旁边指导,并注意幼儿的安全。
3. 增加游戏难度,进行小组竞赛游戏。
(1)教师随机将幼儿分为两组,每组由相同人数组成,进行小组竞赛游戏,并交代游戏的注意事项。
(2)游戏规则:每组幼儿需要蹲下来将头上的小纸盒放在背上,然后爬行钻过“山洞”,然后再将纸盒拿在手中,站起来跳过“小河”,到达小熊家,由于路途坎坷,因此每组一次只能运送一个纸盒。纸盒运送完,游戏结束,最终哪组运得多,哪组就获胜。
(三)结束部分——放松结束
游戏结束后,教师对幼儿在运纸盒游戏中的表现做简单的评价,然后带领幼儿一起在轻柔音乐《小雪人融化了》的伴奏下,舒展身体,做放松运动。
四、活动延伸
请幼儿回家和爸爸妈妈一起玩运纸盒的游戏。

大班艺术活动:有趣的纸盒

一、活动目标
1. 初步感知纸盒的物理特征。
2. 掌握画、剪、贴的技能,将废旧纸盒做成自己喜欢的物品。
3. 积极动手动脑,体验动手创造带来的无穷乐趣。

二、活动准备
物质准备：生活中常见的纸盒（纸盒箱、鞋盒、牙膏盒、药品盒等）人手一个，剪刀、双面胶、彩色笔、彩色纸等，魔术盒一个，创意纸盒作品图片。
三、活动过程
（一）活动导入——魔术导入
演示趣味魔术盒，出示大大小小的各种纸盒，引出主题。
师：魔术盒里宝贝多，请小朋友们来说一说、看一看、猜一猜，说说里面有什么？
（二）活动展示
1. 展示幼儿收集的纸盒，引导幼儿观察并说出它们的特点，初步感知纸盒的物理特征
师：小朋友们，你们在哪里见过这些纸盒？它们是用来做什么的呢？
师：这些纸盒装完东西后，还能用吗？这些不能用的东西，我们怎么样把它们变得更美丽些呢？
2. 引导幼儿思考如何把纸盒变美丽，激发幼儿创作的兴趣
（1）教师提问：这些纸盒装完东西后还能用吗？我们怎么样把它们变得更美丽一些呢？
（2）幼儿自由发表自己的想法和意见。
（3）教师展示纸盒创意作品图片，激发幼儿创作的欲望。
3. 幼儿自由操作，教师巡回指导
（1）思考：你准备用它做什么。
（2）鼓励幼儿大胆想象动手创造，鼓励能力弱的幼儿积极尝试，也可两个人合作。
（3）提醒幼儿在操作时注意安全、卫生等事项。
（三）活动结束
幼儿互相欣赏，体验成功的喜悦。
1. 说一说：你是怎么制作的，遇到了什么困难，怎么解决的？
2. 评一评：你喜欢哪个作品，为什么？
四、延伸活动
教师给幼儿布置任务，请幼儿回家后和爸爸妈妈一起搜集身边还有哪些废旧物品可以再利用，请幼儿带到幼儿园来。

大班科学活动：各式各样的盒子

一、活动目标
1. 认识各种各样的盒子，了解各种盒子的特征及用途。
2. 会按照盒子的一个共同特征进行分类，提高合作能力。
3. 增强环保意识，能利用废旧物进行游戏活动。
二、活动准备
1. 物质准备：收集各式各样的盒子。
2. 经验准备：幼儿有初步的分类能力。
三、活动过程
（一）开始部分
教师出示各式各样的盒子，激发幼儿兴趣。
师：小朋友你们看，这里都是什么？这些盒子叫什么名字？是什么样子的呢？
（二）基本部分
1. 引导幼儿自由操作讲述，教师巡回指导。（引导幼儿从盒子的形状、颜色、材质及用途四方面来讲述）
2. 教师小结：大家说得非常好！盒子与盒子相比，各有不同。有的大，有的小；有的是正方体，有的是长方体，种类真不少。就连盒盖的样式也很多，有的是抽拉式的，有的是全掀式的，有的是半掀式的。这么多盒子都堆放在一块儿，很乱。下面请小朋友学习营业员阿姨将各类盒子分分类好吗？要求按一个共同特征分类，看哪组小朋友想的办法多。
3. 幼儿分组分类。
4. 提问：你们这一组是按什么来分的？你还会怎么分？
（三）结束部分
1. 师：盒子是我们的好朋友，我们生活中处处都要用到盒子。可是有的盒子用完就扔掉了，很可惜。我们好好想想怎样来很好地利用它们，使它们变废为宝？
2. 幼儿大胆想象、大胆讲述。（做装饰品、玩游戏等）
四、延伸活动
请幼儿给家里的盒子也分分类，并做好记录，幼儿来园后和大家分享。